Isabelle von Neumann-Cosel • Jeanne Kloepfer

Meine ersten Reitabzeichen (10-6)
Einschließlich Basispass Pferdekunde

So klappt die Prüfung

Herausgeber: Deutsche Reiterliche Vereinigung e.V. (FN)

FNverlag
der Deutschen
Reiterlichen Vereinigung GmbH
Warendorf

Impressum

Bibliografische Information der Deutschen Nationalbibliothek
Die Deutsche Nationalbibliothek verzeichnet diese Publikation in der Deutschen Nationalbibliografie; detaillierte Daten sind im Internet über http://dnb.d-nb.de abrufbar.

© 2013 **FN**verlag der Deutschen Reiterlichen Vereinigung GmbH, Warendorf
Alle Rechte vorbehalten.

Das Werk ist urheberrechtlich geschützt. Die dadurch begründeten Rechte, insbesondere die der Übersetzung, des Nachdrucks, der Entnahme von Abbildungen, der Funksendung, der Wiedergabe auf fotomechanischem oder ähnlichem Wege und der Speicherung in Datenverarbeitungsanlagen, bleiben, auch bei nur auszugsweiser Verwertung, vorbehalten. Die Vergütungsansprüche des § 54, Abs. 2 UrhG werden durch die Verwertungsgesellschaft Wort wahrgenommen.

2. Auflage 2014

Autorin
Isabelle von Neumann-Cosel, Mannheim

Korrektorat
Korrekturbüro Kirchhoff, Büren-Brenken

Illustrationen
Jeanne Kloepfer, Lindenfels

Illustrationen der neuen Abzeichen
Idee und Entwurf: Jan Künster, Bonn
Technische Umsetzung und Produktion: Steinhauer & Lück GmbH & Co. KG, Lüdenscheid

Titelfoto
Ricarda Mertens, Mannheim

Fotos
Ina Baader, Dossenheim: U2 u.
Jean Christen, Mannheim: Seiten 1, 4, 5, 8 o., 10 u., 11 u., 29, 30, 31, 37, 39 (2), 40, 44, 45 m.+u. (2), 50 m., 53, 61, 63, 64, 71 o., 72 (2), 75 (2), 78, 79, 80 (2), 81, 85 u., 91 o., 92 re., 93 (3)
Seite 19 übernommen aus „Pferdebuch für junge Reiter" von Isabelle von Neumann-Cosel, **FN**verlag, Warendorf 2011

Doris Matthaes, Stuttgart: Seite 49 (2)
Ricarda Mertens, Mannheim: Seiten U2 o., 7 (3), 8 m.+u. (2), 9 (2), 10 o., 11 o., 22, 23, 25, 27, 42, 45 o.li., 46 (2), 47 (5), 48 (2), 50 u. (2), 51, 52 (4), 54, 55 (3), 57 (2), 58, 59, 68 (2), 69 (6), 71 u., 82 (2), 85 o., 87, 88, 89, 91 u., 92 li., 94, 95 (3)
Peter Prohn, Barmstedt: Seite 43
Christiane Slawik, Würzburg: Seiten 12, 21 (2)

Gesamtgestaltung
mf-graphics, Marianne Fietzeck, Gütersloh

Druck und Verarbeitung
Media-Print Informationstechnologie GmbH, Paderborn

ISBN 978-3-88542-790-2

Inhalt • Wo finde ich was?

1 Die Prüfungen und Erklärungen der Abzeichen **4**
Das System der Reitabzeichen 4
Basispass Pferdekunde und FN-Sportabzeichen 6
RA 10 – Reitabzeichen 10 7
RA 9 – Reitabzeichen 9 8
RA 8 – Reitabzeichen 8 9
RA 7 – Reitabzeichen 7 10
RA 6 – Reitabzeichen 6 11

2 Begegnung mit dem Pferd **12**
Herdentier, Lauftier, Fluchttier 12
Pferde und Ponys – Farben und Abzeichen 14
Die wichtigsten Pferde- und Ponyrassen 16
Der Pferdkörper und die Sinnesorgane 18
Die Sprache der Pferde 20
Mit Pferden umgehen 22

3 Haltung, Fütterung, Gesundheit **24**
Ein Stall mit offenen Türen 24
Wie ein Reitstall funktioniert 26
Pferdeboxen und Stalldienst 28
Was Pferde fressen 30
Pferdekrankheiten 32

4 Pferdepflege **34**
Sicherheit am Putzplatz 34
Das richtige Putzzeug 36
Die tägliche Pferdepflege 38
Versorgen nach dem Reiten 40
Hufpflege und Schmied 42

5 Führen, Bodenarbeit und Verladen **44**
Führen mit Strick und Halfter 44
Bodenarbeit 46
Führen auf Trense, Verladen 48

6 Ausrüstung von Pferd und Reiter **50**
Die Ausrüstung des Reiters 50
Ein passender Sattel 52
Satteln, Gamaschen, Lederpflege 54
Auf- und Abtrensen 56
Erlaubte Hilfszügel 58

7 Reitlehre und Reiten lernen **60**
Hufschlagfiguren und Bahnordnung 60
Aufsitzen, Absitzen, Bügel einstellen 62
Der Sitz des Reiters 64
Zügelführung und Gertenhaltung 66
Sitzschulung 68
Die Reiterhilfen 70

8 Praktisches Dressurreiten **72**
An den Hilfen 72
Schritt, Trab, Galopp 74
Halbe Paraden und Übergänge 76
Geradeaus und auf gebogenen Linien 78
Einfache Lektionen 80

9 Reiten über Hindernisse **82**
Reiten mit kurzen Steigbügeln 82
Hindernisse aller Art 84
Springen lernen 86
Probleme beim Springen – und Lösungen 88
Vom einzelnen Sprung bis zum Parcours 90

10 Außenplatz und Gelände **92**
Reiten auf dem Außenplatz 92
Reiten im Gelände 94

Die Autorin und Illustratorin **U2**
Das 1x9 der Pferdefreunde **96**

1 Die Prüfungen und Erklärungen der Abzeichen

Das System der Reitabzeichen

Klein anfangen – groß rauskommen

Auf dem Weg vom Anfänger zum Könner im Sattel bietet die Deutsche Reiterliche Vereinigung (FN) **10 Reitabzeichen** an, mit denen jeder Reiter seinen eigenen Leistungsstand überprüfen kann.

Die geforderten Inhalte der **Abzeichenprüfungen** bauen in kleinen Schritten aufeinander auf. So kannst du als Reiter regelmäßig dein eigenes Können unter Beweis stellen.

➡ Die Abzeichen sind wie ein Countdown nummeriert: vom RA 10 bis zum RA 1 mit steigendem Schwierigkeitsgrad.

In diesem Buch werden die Anforderungen der Abzeichen 10 bis 6 erklärt. Diese Abzeichen werden hier unter dem Begriff **Einstiegsabzeichen** zusammengefasst. Sie sollen helfen, den Einstieg in den Reitsport leichter zu machen und Anreize dafür bieten, immer weiter zu lernen.

Dabei gilt: Aller Anfang ist leicht. Die Einstiegsabzeichen sind so gestaltet, dass jeder Reiter das passende Abzeichen finden und – mit guter Vorbereitung – die Prüfung bestehen kann.

Die weiterführenden Abzeichen 5 bis 1 sind **Leistungsabzeichen**, deren Anforderungen im praktischen Reiten sich an dem System der Leistungsprüfungen im Turniersport orientieren.

▶ Die Prüfung soll dir Spaß machen!

Übersicht über die Anforderungen

RA	Früher	Anforderungen Dressur	Anforderungen Springen	Anforderungen Stationsprüfungen
RA 10	Steckenpferd	Schritt und Trab Leichttraben/Aussitzen Geführt oder Longe		• Pferdepflege, Mithilfe beim Satteln und Auftrensen • Bodenarbeit
RA 9	Kleines Hufeisen	Reiten in der Gruppe im Schritt, Trab und Galopp		• Pferdepflege • Pferdeverhalten • Bodenarbeit
RA 8		Abteilungsreiten nach Weisung des Ausbilders	Geschicklichkeits-Parcours auf dem Außenplatz	• Rassen, Farben, Abzeichen, Körperbau • Sitzformen, Hufschlagfiguren, Bahnordnung • Bodenarbeit
RA 7	Großes Hufeisen	Dressuraufgabe nach Weisung des Ausbilders (ohne Bügel im Trab) im Dressurviereck	Reiten im leichten Sitz über Bodenricks	• Abteilungsreiten, Hufschlagfiguren, Gangarten • Ethische Grundsätze, Sicherheit beim Reiten
RA 6		Dressurreiteraufgabe in Anlehnung an die Klasse E, ohne Bügel in Schritt, Trab, Galopp	Springreiter-Wettbewerb mit mindestens vier Hindernissen	• Pferdehaltung, Fütterung und Pferdegesundheit • Bodenarbeit

Mehr Einzelheiten findest du auf den folgenden Seiten.

Das System der Reitabzeichen

Dressur, Springen, Gelände und Stationsprüfungen

Jede Abzeichenprüfung besteht aus praktischen Anforderungen im **Dressurreiten**, im **Springen** (ab dem Abzeichen 8) und in einzelnen **Stationsprüfungen**. In diesen Stationen kannst du nach deinem **Wissen** über spezielle Themen gefragt werden – zum Beispiel über Pferdeverhalten – oder du musst den **Umgang mit dem Pferd** praktisch vorzeigen, zum Beispiel Pferdepflege. Die praktische Stationsprüfung **Bodenarbeit** – sie umfasst spezielle Aufgaben beim Führen eines Pferdes – gehört zu jedem der fünf Abzeichen.

Eine Sonderregelung gilt für die praktischen Anforderungen im **Geländereiten**. Diese Teilprüfung kann entweder freiwillig zusätzlich zu den Prüfungsteilen in Dressur und Springen absolviert werden oder sie kann das Springen ersetzen.

➡ Hinweise zu den **Anforderungen** im Geländereiten für die einzelnen Abzeichen findest du auf den nächsten Seiten.

Wer, wie, was, wann, wo?

Die Einstiegsabzeichen können von Reitern **in jedem Alter** abgelegt werden; sie müssen keine Mitglieder in einem Reiterverein sein. Einzige Voraussetzung ist die **Teilnahme an einem Vorbereitungslehrgang**. Solche Lehrgänge werden in vielen Reitvereinen und Reitbetrieben mit Schulpferden angeboten.

Jeder kann bei den Einstiegsabzeichen auf dem **Schwierigkeitsgrad** einsteigen, den er sich zutraut. Aber Achtung: Die Stationsprüfungen bauen aufeinander auf. Auch wenn du bei einem schwierigeren Abzeichen einsteigst, solltest du nicht nur das reiterliche Können, sondern auch das Wissen aus den vorgeschalteten Abzeichen haben. Das heißt, wenn du beim Abzeichen RA 8 einsteigst, musst du dich trotzdem mit dem Pferdeverhalten auskennen, das in RA 9 speziell geprüft wird.

Bestimmungen im Einzelnen

- Die Abzeichen 10 bis 6 können **beliebig oft wiederholt** werden, allerdings wird mindestens 1 Jahr Wartezeit empfohlen.
- Die Einstiegsabzeichen müssen nicht zwingend in der oben aufgelisteten **Reihenfolge** absolviert werden.
- Zwischen zwei verschiedenen Abzeichenprüfungen wird eine Wartezeit von 3 Monaten empfohlen.
- In der Prüfung gibt es keine Noten, nur das Ergebnis **bestanden** oder **nicht bestanden**.
- Nach bestandener Prüfung erhältst du eine **Urkunde** und einen **Anstecker**.
- Du musst in der Prüfung keine spezielle **Turnierkleidung** tragen – aber du darfst!

Tipp
Ein Reitabzeichen ist ein prima Projekt für Reiterferien!

1 Die Prüfungen und Erklärungen der Abzeichen

Basispass Pferdekunde und FN-Sportabzeichen

Der Basispass Pferdekunde
Der Basispass Pferdekunde ist ein Abzeichen, in dem das nötige **Wissen über Pferde** und das **Können im Umgang mit dem Pferd** zusammengefasst werden. Dabei wird nicht geritten!
Der Basispass Pferdekunde wird für **alle weiterführenden Leistungsabzeichen** im Reiten **vorausgesetzt**, ebenso für Abzeichen im Geländereiten, Longieren, Voltigieren und Fahren.

➡ Die Abzeichen RA 7 und RA 6 ersetzen zusammen den **Basispass**. Dabei wird auch das Wissen und Können aus den Stationsprüfungen der Abzeichen RA 10, RA 9 und RA 8 vorausgesetzt.

Das FN-Sportabzeichen
Hast du nicht nur Spaß am Reiten, sondern auch an anderen Sportarten? Dann wäre ein Lehrgang für das FN-Sportabzeichen vielleicht eine passende Herausforderung für dich. Dabei kannst du deine Kenntnisse im Reiten und deine Leistungen in deiner Lieblingssportart, zum Beispiel Laufen oder Schwimmen, miteinander verbinden.
Das Abzeichen besteht aus vier Teilprüfungen, die an einem oder zwei aufeinanderfolgenden Tagen absolviert werden:

- **Reiten in der Gruppe:**
  Zwei bis vier Reiter zeigen gemeinsam eine mit dem Ausbilder zusammengestellte Aufgabe. Es müssen Schritt, Trab und Galopp gezeigt werden.
- **Reiten eines Geschicklichkeitsparcours:**
  Mit dem Ausbilder zusammen wird ein Parcours erarbeitet, der mindestens fünf kleine Hindernisse enthält, zum Beispiel aufgestelle Cavaletti oder ein kleines Kreuz. Dabei wird mit verkürzten Bügeln im leichten Sitz geritten. Kleine Geländeaufgaben wie Reiten bergauf und bergab können in den Parcours integriert werden.
- **Fitnesstest:**
  Zu Anfang und zum Ende des Lehrgangs werden deine Kondition und deine Fitness getestet. So kannst du selbst herausfinden, wie sich deine körperlichen Fähigkeiten im Lehrgang gesteigert haben.
- **Ergänzungssport:**
  Hier sind viele Sportarten möglich; es muss allerdings im Vorbereitungslehrgang dafür trainiert werden können.

Einzelheiten über die **Anforderungen** im FN-Sportabzeichen findest du auf einem Merkblatt, das du bei der Deutschen Reiterlichen Vereinigung (FN) bestellen oder im Internet herunterladen kannst (**www.pferd-aktuell.de/fn-shop**).

Das System der Reitabzeichen

RA 10 – Reitabzeichen 10

▲ Am Führzügel unterwegs im Gelände – so kann die Prüfung zum RA 10 aussehen.

Das **RA 10**, früher **Steckenpferd** genannt, ist natürlich das einfachste: Es will dich einladen mitzumachen. Deswegen sind die Anforderungen nicht hoch.

Teilprüfung Praxis

In der Teilprüfung Dressur darfst du an der **Longe** reiten oder am **Führzügel** geführt werden. Das heißt mit anderen Worten: Du brauchst noch nicht allein frei reiten zu können! Außerdem hast du die Wahl zwischen dem Sitzen auf einem **Sattel** oder an einem **Gurt**. **Schritt** und **Trab** müssen gezeigt werden und dabei sollst du sowohl aussitzen als auch leichttraben können. Galopp ist nicht vorgeschrieben, aber du darfst an der Longe freiwillig galoppieren. In der Teilprüfung Dressur wird dein **Sitz** beurteilt. *(Lies dazu Kap. 7 „Der Sitz des Reiters")*

Teilprüfung Geländereiten

Auch das allererste Abzeichen kannst du statt in der Reitbahn im **Gelände** absolvieren. Dabei wirst du am Führzügel sicher **geführt**.

Stationsprüfung Pferdepflege

Hier musst du wissen, was zu einem Putzzeug gehört und wie ein Pferd vor dem Reiten geputzt und nach dem Reiten richtig versorgt wird *(vgl. Kap. 4 „Pferdepflege")*.

Stationsprüfung Mithilfe beim Satteln und Auftrensen

Allein Satteln und Auftrensen musst du noch nicht können, aber dabei **mithelfen** – zum Beispiel die richtigen Schnallen an der Trense schließen oder die Hilfszügel richtig einschnallen *(vgl. Kap. 6 „Ausrüstung von Pferd und Reiter")*.

▶ Schmusen muss sein – und dann die Dreieckszügel richtig einschnallen.

Stationsprüfung Bodenarbeit

In dieser Prüfung musst du zeigen, wie du dich einem Pferd **näherst**, es **ansprichst** und mithilfst, das **Halfter aufzulegen** *(Seiten 34 und 35)*.

Du **führst** das Pferd von links im Schritt und **hältst** an einem vorgegebenen Punkt, zum Beispiel einem Kegel. Wichtig ist dabei, dass du dem Pferd mit deinem Körper signalisierst, dass es anhalten soll, und nicht nur am Strick ziehst *(Seiten 46 und 47)*.

Dann **bindest** du das Pferd an einer Anbindevorrichtung an – an einem Ring an der Wand, einer Stange oder in der Stallgasse von beiden Seiten *(Seite 35)*.

Außerdem kannst du zur **Sicherheit in der Stallgasse** gefragt werden *(Seiten 34 und 35)*. Zuletzt bringst du das Pferd wieder sicher zurück in die Box *(Seite 45)*.

▶ Halten – ohne am Strick zu ziehen

1 Die Prüfungen und Erklärungen der Abzeichen

RA 9 – Reitabzeichen 9

Das **RA 9** ist das beliebteste aller Reitabzeichen, bekannt geworden unter dem Namen **Kleines Hufeisen**.

◀ Stationsprüfung Pferdepflege – es kann losgehen!

Teilprüfung Praxis
Diese Teilprüfung kann in der **Halle** oder auf dem **Außenplatz** stattfinden. Du reitest dein Pferd dabei in der Gruppe in allen drei Grundgangarten: **Schritt**, **Trab** und **Galopp**. Je nachdem, wie es mit deinem Pferd besser klappt, darfst du einzeln oder in der Gruppe galoppieren. Im Trab zeigst du die beiden Sitzformen Leichttraben und Aussitzen.

Teilprüfung Gelände
Diese Teilprüfung ist freiwillig; du kannst sie zusätzlich absolvieren oder die Teilprüfung Praxis dadurch ersetzen. Gefordert ist selbstständiges **Reiten im Außengelände** in Schritt, Trab und Galopp.

Stationsprüfung Pferdepflege
Wie schon im RA 10 musst du wissen, was zu einem Putzzeug gehört und wie ein Pferd vor dem Reiten **geputzt** und nach dem Reiten richtig versorgt wird *(vgl. Kap. 4 „Pferdepflege")*.

Stationsprüfung Bodenarbeit
Alles, was beim RA 10 in der Bodenarbeit verlangt wird, solltest du auch beherrschen. In dieser Prüfung musst du das Pferd ebenfalls auf einer vorgegebenen Strecke geradeaus führen, aber diesmal **von beiden Seiten**. Zum Wechseln der Seite hältst du das Pferd an *(Seite 46 und 47)*.

Du musst dein Pferd sicher an anderen Pferden **vorbeiführen** können und in der Stallgasse ein angebundenes Pferd **zur Seite weichen** lassen.

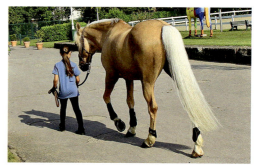

▲ Führen von links ...

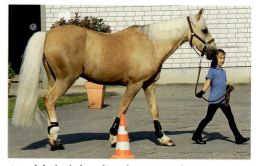

▲ ... dabei wird nach rechts gewendet.

Das System der Reitabzeichen

RA 8 – Reitabzeichen 8

▲ Im Trab auf dem Außenplatz unterwegs

▲ Im leichten Sitz lässt sich die kleine Stufe im Schritt prima bewältigen.

Im **RA 8** musst du bereits unterschiedliche Sitzformen zeigen können; das Reiten im leichten Sitz auf dem Außenplatz kommt als neue Herausforderung dazu.

Teilprüfung Dressur
Die Teilprüfung Dressur kann in der **Halle** oder auf dem **Außenplatz** stattfinden. Du reitest dein Pferd dabei in der Abteilung in allen drei Grundgangarten: **Schritt**, **Trab** und **Galopp**. Im Trab zeigst du Leichttraben und Aussitzen. Mindestens im Schritt reitest du auch ohne Bügel.

Teilprüfung Reiten im leichten Sitz
In dieser Teilprüfung absolvierst du einen Geschicklichkeitsparcours, bei dem auch Reiten im leichten Sitz gefordert ist. Andere Aufgabenstellungen können das Reiten über Trabstangen, durch einen Slalom oder ein Kegeltor sein.

Teilprüfung Gelände
Diese Teilprüfung ist freiwillig; du kannst sie zusätzlich absolvieren oder die Teilprüfung Reiten im leichten Sitz dadurch ersetzen. Gefordert ist selbstständiges **Reiten im Außengelände** in Schritt, Trab und Galopp, dabei sind Geschicklichkeitsaufgaben eingeschlossen.

Stationsprüfung Pferdekunde
In dieser Station wirst du zu deinem Wissen über Pferde gefragt: **Rassen**, **Farben**, **Abzeichen** und **Körperbau** *(vgl. Kap. 2 „Begegnung mit dem Pferd")*.

Stationsprüfung Reitlehre
Hier sollst du die **unterschiedlichen Sitzformen** des Reiters erklären können *(Seiten 64 und 65)*. Außerdem wirst du zu den wichtigsten **Hufschlagfiguren** und **Bahnregeln** gefragt *(Seiten 60 und 61)*.

Stationsprüfung Bodenarbeit
Alles, was beim RA 10 und RA 9 in der Bodenarbeit verlangt wird, solltest du auch beherrschen.
Zusätzlich musst du dein Pferd durch einen **Slalom** führen. Außerdem wird geprüft, ob du die **Schrittlänge** und das **Tempo** deines Pferdes mit beeinflussen kannst *(vgl. Kap. 5 „Bodenarbeit")*.

1 Die Prüfungen und Erklärungen der Abzeichen

RA 7 – Reitabzeichen 7

Im **RA 7** (früher Großes Hufeisen) musst du erste niedrige Sprünge absolvieren können. Das Führen auf Trense kommt als neue Aufgabenstellung dazu.

◀ Führen auf Trense ist eine neue Herausforderung im RA 7.

Teilprüfung Dressur
In der Teilprüfung Dressur wird nach Anweisung des Ausbilders eine selbst zusammengestellte **Dressuraufgabe** in einem korrekten **Dressurviereck** geritten – einzeln, zu zweit oder in der Abteilung. Mindestens im **Trab** reitest du auch **ohne Bügel**.

▲ Teil einer Dressuraufgabe: Trab in der Abteilung

Teilprüfung Reiten im leichten Sitz
In der Teilprüfung Springen reitest du im **leichten Sitz im Galopp** und springst über aufgestellte **Bodenricks**.

Teilprüfung Gelände
Diese Teilprüfung ist freiwillig; du kannst sie zusätzlich absolvieren oder die Teilprüfung Reiten im leichten Sitz dadurch ersetzen. Gefordert ist ein kleiner Gelände-Parcours in Anlehnung an einen **Allround-Wettbewerb**. Du solltest einen sicheren **leichten Sitz** zeigen und ein Gefühl für das richtige **Tempo** entwickeln.

Stationsprüfung Reitlehre
Hier wirst du nach den Regeln für das **Abteilungsreiten** und deinen genauen Kenntnissen der **Bahnfiguren** gefragt. Außerdem solltest du die **Gangarten** des Pferdes kennen und erklären können *(Seiten 60, 74 und 81)*.

Stationsprüfung Pferdekunde
In dieser Station wirst du nach den **Ethischen Grundsätzen** (dem **1 x 9 der Pferdefreunde** – ganz hinten im Buch) gefragt. Außerdem solltest du Hinweise zur **Sicherheit im Umgang** mit dem Pferd und **beim Reiten** geben können *(vgl. Kap. 4, 5 und 7)*.

Stationsprüfung Bodenarbeit
In dieser Prüfung ist das Pferd mit einer **Trense** ausgerüstet. Du musst dabei auf gerader Strecke 20 Meter lang **im Trab** führen und korrekt wieder durchparieren. Außerdem solltest du geforderte **Hufschlagfiguren** – z.B. eine Volte – führen und das Pferd an der Hand **rückwärtstreten** lassen können *(Seiten 47 und 48)*.

Das System der Reitabzeichen 1

RA 6 – Reitabzeichen 6

▲ Unterwegs im Geländereiterwettbewerb

In diesem Abzeichen geht es schon beinahe so zu wie auf einem Turnier. In der Dressuraufgabe wird mehr Genauigkeit verlangt, im Springen ist ein kleiner Parcours gefordert.

Teilprüfung Dressur
In der Teilprüfung Dressur ist eine **Dressurreiteraufgabe** in Anlehnung an die **Anforderungen der Klasse E** auf Turnieren gefordert – einzeln, zu zweit oder in der Abteilung. Dabei wird in allen drei Grundgangarten auch ohne Bügel geritten.

Teilprüfung Springen
In der Teilprüfung Springen absolvierst du einen **Springreiterwettbewerb**. Du zeigst das Reiten im leichten Sitz nach Anweisung und absolvierst einen **Parcours** mit mindestens vier Hindernissen, die 50 bis 80 Zentimeter hoch sind *(vgl. Kap. 9 „Reiten über Hindernisse")*.

Teilprüfung Gelände
Diese Teilprüfung ist freiwillig; du kannst sie zusätzlich absolvieren oder die Teilprüfung Springen dadurch ersetzen. Gefordert ist ein **Geländereiterwettbewerb** mit mindestens vier kleinen Hindernissen.

Stationsprüfung Pferdekunde
In dieser Station wirst du nach **Pferdehaltung** und **Fütterung** *(Seiten 24 bis 31)* und zur **Pferdegesundheit** gefragt *(Seiten 32 und 33)*.

Stationsprüfung Bodenarbeit
In dieser Prüfung musst du dein Pferd korrekt auf einer **Dreiecksbahn** vorführen. Außerdem solltest du die wichtigsten Grundsätze für das **Verladen** von Pferden kennen und dabei mithelfen können *(Seiten 48 und 49)*.

Viel Erfolg für die Prüfung! ▼

2 Begegnung mit dem Pferd

Herdentier, Lauftier, Fluchttier

Jedes Pferd, das du kennenlernst, besitzt eine einmalige und unverwechselbare Persönlichkeit. Und doch haben alle Pferde auch gemeinsame Eigenschaften: ihre **natürlichen Bedürfnisse** und ihr **typisches Verhalten**.

Wie ihre Vorfahren in der Steppe

Unsere heutigen Pferde haben viele ihrer äußeren und inneren Eigenschaften von ihren **wild lebenden Vorfahren** geerbt. Auch Pferde, die von Menschen versorgt werden, haben die nötigen Instinkte (angeborene Verhaltensweisen), um in der Steppe zu überleben. Und manchmal benehmen sie sich auch so!

Pferde sind Herdentiere

Pferde fühlen sich nur in Gemeinschaft mit andern Pferden wohl und sicher. Sie leben nicht gern allein. Wenn sie ein anderes Pferd sehen, zum Beispiel im Stall oder auf der Weide, nehmen sie sofort Kontakt mit ihm auf. Das passiert auch dann, wenn du selbst vielleicht nicht daran denkst: beim Begegnen in der Stallgasse oder in der Reithalle.

Pferde haben eine feste Rangordnung

Unter Pferden gilt das **Recht des Stärkeren**. Daher müssen sie immer erst einmal ausprobieren, wer der Stärkere ist. Aber sie liefern sich deswegen keine Kämpfe auf Leben und Tod.

Alle Pferde begrüßen sich mit ihren empfindlichen Nasen. Oft genügt schon eine Angeberhaltung oder ein drohendes Quietschen, um festzulegen, wer von den beiden in Zukunft dem anderen Platz machen muss.

Manchmal wird diese Frage auch in einer Rauferei entschieden: mit Bissen und Tritten oder – besonders bei Hengsten – im Steigkampf mit den Vorderbeinen. Gestritten wird, bis einer nachgibt und zurückweicht.

Pferde suchen sich ein Leittier

In einer Pferdeherde geht es zu wie in einer lebhaften großen Familie: Vater und Mutter, in diesem Fall Leithengst und Leitstute, haben zu bestimmen. Sie sind die Anführer auf dem Weg zu den besten Futter- und Wasserplätzen und sie sind die wichtigsten Wächter der Herde. Wenn ein Feind naht, zum Beispiel ein Raubtier, geben sie das entscheidende Kommando zur Flucht.

Nicht nur in der Herde suchen sich Pferde gern ein Leittier. In einer Reitabteilung gehen sie freiwillig hintereinander her. Junge Pferde suchen sich die Gesellschaft von älteren, erfahrenen Pferden. Aufgeregte Pferde beruhigen sich neben einem ruhigen Gefährten, einem **Führpferd**.

◀ Pferde lieben Licht, Luft und Bewegung.

Herdentier, Lauftier, Fluchttier 2

Pferde sind Lauftiere
Pferde, die sich frei bewegen können, legen täglich große Strecken zurück
→ beim Grasen im gemächlichen **Schritt**,
→ auf der Suche nach neuen Futter- und Wasserplätzen im ausdauernden **Trab**,
→ auf der Flucht im rasenden **Galopp**.

Diese drei **Grundgangarten** besitzt heute noch jedes Pferd.
Alle Pferde brauchen viel Bewegung, damit sie zufrieden und ausgeglichen sind.

Pferde sind Fluchttiere
Auch wenn dir die Waffen der Pferde, ihre Hufe und Zähne, vielleicht erschreckend vorkommen – Pferde sind **friedliebende** Tiere. Sie kämpfen nur, wenn sie sich in die Enge getrieben fühlen. Sobald sie Gefahr wittern, rät ihnen ihr Instinkt zur **Flucht**. Zum Glück sind sie aber auch ziemlich **neugierig**! Deswegen versuchen sie, einen unbekannten Gegenstand zu beschnuppern, um herauszufinden, ob davon Gefahr ausgeht.
Weil sie über **scharfe Sinne** (Augen, Ohren und Nase) verfügen, bemerken sie eine Gefahr viel schneller als wir.

Pferde können scheuen
Pferde sind schreckhaft. Wenn sie Angst bekommen, versuchen sie zu fliehen. In der Reitersprache nennt man dieses Verhalten **scheuen**.
Für Menschen ist das Scheuen oft unangenehm und gefährlich, aber du musst immer darauf gefasst sein. Pferde können vor allem, was ihnen bedrohlich vorkommt oder was ihnen unheimlich ist, scheuen: Ein Wasserschlauch erinnert sie vielleicht an eine Schlange, ein Lastwagen ist zu groß und zu laut. Ein auffliegender Fasan bewegt sich so schnell, dass sie erst einmal selbst wegspringen, bevor sie erkennen können, dass da kein gefährliches Raubtier zum Sprung angesetzt hat.

Im schlimmsten Fall kann sich die Angst der Pferde in eine schlimme **Panik** steigern – dann reagieren sie auf nichts anderes mehr als auf ihren Fluchtinstinkt.

> **Merke dir ...**
> ✔ Pferde haben früher in der Steppe gelebt. Daher kommen ihre natürlichen Bedürfnisse und ihr Verhalten.
> ✔ Pferde sind Lauftiere, die viel Bewegung brauchen.
> ✔ Pferde sind Herdentiere, die sich nur in einer festen Rangordnung sicher fühlen.
> ✔ Pferde sind Fluchttiere, die bei Gefahr eher fliehen als kämpfen.
> ✔ Pferde scheuen vor allem, was ihnen bedrohlich erscheint oder auch nur völlig unbekannt ist.

Pferde und Ponys – Farben und Abzeichen

Pferde und Ponys

Pferde und Ponys unterscheiden sich in erster Linie durch die Größe. Im Turniersport gelten alle kleinen Pferde bis zu einer Größe von **148 cm Stockmaß als Ponys**. Das Stockmaß wird in gerader Linie vom Boden bis zum Widerrist eines Pferdes gemessen.

Farben und Rassen

Manche Pferde- und Ponyrassen haben bestimmte Farben. Die großen Friesen sind tiefschwarz ohne einen weißen Fleck. Alle Haflinger sind Füchse mit heller Mähne und hellem Schweif. Die Norweger dagegen sind **Falben** (cremefarbenes, hellbraunes oder hellgraues Fell mit schwarzem Langhaar und einem schwarzen **Aalstrich** mitten auf dem Rücken).

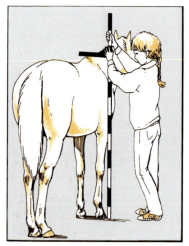

Messen mit dem Stockmaß

Tigerschecke
Palomino
Braunschecke

Fell in vielen Farben

Das Fell der Pferde kann viele verschiedene Farben annehmen. Die wichtigsten Pferdefarben sind **Schimmel** (weiß), **Rappe** (schwarz), **Brauner** (hell- oder dunkelbraun mit schwarzer Mähne und schwarzem Schweif) oder **Fuchs** (rotbraun oder rötlich mit Mähne und Schweif in der gleichen Farbe oder heller).

Brauner
Schimmel
Rappe
Fuchs

Pferde und Ponys – Farben und Abzeichen

Weiße Abzeichen

Viele Pferde haben kleine oder größere weiße Flecken im Gesicht oder weiße Partien an den Beinen. Man nennt diese weißen Stellen **Abzeichen**. Sie haben bestimmte Namen, ein paar findest du hier abgebildet. An diesen Abzeichen kann man Pferde gut erkennen und unterscheiden.

Flocke · Blesse · Stern · Schnippe · Laterne

Unveränderliche Kennzeichen

Die weißen Abzeichen haben Pferde bereits bei der Geburt und sie verändern sich während des Pferdelebens nicht. Daher gelten sie als **unveränderliche Kennzeichen**. Es gibt noch mehr solcher Kennzeichen, die bei jedem Pferd unterschiedlich und einmalig sind. Dazu gehört auch die Lage der **Wirbel** im Fell – im Gesicht und auf beiden Seiten des Körpers. Bei jedem Pferd einzigartig sind auch die Lage und genaue Form der Kastanien, das sind die verhornten Stellen an den Innenseiten aller vier Beine.

> *Tipp*
> Schaue genau nach: Welche weißen Abzeichen hat dein Lieblingspferd?

Der Equidenpass/Pferdepass

Jedes Pferd braucht heute einen **Equidenpass**. Darin werden die unveränderlichen Kennzeichen eines Pferdes eingetragen, damit man ganz sicher sein kann, welches Pferd man vor sich hat. Das ist zum Beispiel beim Verkauf eines Pferdes oder auf einem Turnier wichtig.

Der Equidenpass sollte immer griffbereit aufbewahrt werden; er muss zum Beispiel mit dabei sein, wenn ein Pferd transportiert wird. Auch der **Tierarzt** braucht den Equidenpass: Darin werden alle Impfungen und die Gabe bestimmter Medikamente eingetragen.

Merke dir ...

- ✔ Pferde und Ponys unterscheidet man nach der Größe. Ponys sind höchstens 148 cm groß.
- ✔ Die wichtigsten Fellfarben sind Schimmel, Rappe, Fuchs und Brauner (mit schwarzem Langhaar und schwarzen Beinen). Sonderfarben sind zum Beispiel Schecken oder Falben.
- ✔ Unveränderliche Kennzeichen sind die weißen Abzeichen im Gesicht und an den Beinen, die Wirbel im Fell und die Kastanien an den Innenseiten der Beine.
- ✔ Alle Pferde und Ponys brauchen einen Equidenpass.

Der Equidenpass/Pferdepass

2 Begegnung mit dem Pferd

Die wichtigsten Pferde- und Ponyrassen

Seit vielen Hundert Jahren werden Pferde mit unterschiedlichen Zielen gezüchtet. Daher gibt es auf der ganzen Welt eine große Zahl verschiedener **Pferde- und Ponyrassen**. Weibliche Pferde nennt man **Stuten**, männliche Pferde **Hengste** und ihre Kinder **Fohlen**. Die älteren Fohlen werden entsprechend ihrem Alter auch Jährlinge, Zweijährige oder Dreijährige genannt. Vielleicht reitest du auch einen **Wallach** – das ist ein Hengst, der kastriert wurde und keine Nachkommen mehr zeugen kann. Dafür sind Wallache meistens umgänglicher und einfacher zu erziehen als Hengste.

Kaltblüter

Kaltblüter, die früher harte Arbeit auf den Feldern leisteten, sind selten geworden. Heute braucht man die größten und schwersten unter allen Pferden nur noch zum Holzrücken im Wald oder als prachtvolle Gespanne vor Brauereiwagen.

Warmblüter

Die meisten unserer heutigen großen Reitpferde sind **Warmblüter**. Sie werden in ganz Deutschland in vielen verschiedenen Zuchtgebieten gezüchtet. Jedes von ihnen hat sein eigenes **Brandzeichen**. Alle Zuchtgebiete haben das gleiche Ziel: Sie wollen **das deutsche Reitpferd** züchten, ein
➜ edles, gut gebautes, gesundes Pferd,
➜ mit schwungvollen Bewegungen,
➜ mit menschenfreundlichem Charakter und Temperament,
das sich gut reiten lässt.

Die Zuchtverbände helfen den Züchtern dabei, Pferde mit besonders guter Qualität als Elternteile auszuwählen. Sie stellen für Pferde, die in ihrem Verband eingetragen sind, einen **Abstammungsnachweis** aus. Zur eindeutigen Kennzeichnung wird Pferden traditionell das Brandzeichen ihres Zuchtgebietes auf dem linken Hinterschen-

Die wichtigsten Pferde- und Ponyrassen

kel eingebrannt, oft auch zusätzlich eine Nummer. Seit einiger Zeit ist es auch üblich, Pferden einen Mikrochip unter der Haut einzupflanzen, von dem mit einem speziellen Lesegerät die wichtigsten Informationen über seine Abstammung direkt abgelesen werden können.

Tipp
Mach dich schlau: Zu welcher Rasse gehören die Pferde in deinem Reitstall?

Deutsche Reitponys
In den großen Zuchtgebieten werden auch **deutsche Reitponys** gezüchtet. Sie sehen aus wie kleine Warmblüter und sind genauso leistungsfähig.

Vollblüter
Vollblüter gelten als die edelsten und schnellsten Pferde. **Arabische Vollblüter** sind seit Mohammeds Zeiten für ihre Schönheit, Ausdauer und Menschenfreundlichkeit berühmt. **Englische Vollblüter** werden seit über zweihundert Jahren speziell für Pferderennen gezüchtet.

Robustpferde
Robustpferde und Robustponys stammen von Inseln im Norden oder aus Gebirgsregionen. Sie sind unempfindlich gegen Wind und Wetter. Zu den Robustrassen gehören die freundlichen **Haflinger**, die gutmütigen norwegischen **Fjordpferde**, die ausdauernden **Islandponys** und die kleinen **Shetlandponys**.

Spezialrassen
Viele Rassen werden entweder in speziellen Regionen oder für einen ganz besonderen Verwendungszweck gezüchtet. Das gilt auch für die – zahlenmäßig – größte Pferderasse der Welt, die **Quarter Horses**. Sie wurden früher speziell für das Hüten von Rindern im Wilden Westen von Amerika gezüchtet. Daher tragen die Westernreiter noch heute Cowboykleidung.

Zunehmend beliebt sind in Deutschland auch die Vertreter der sogenannten **Barockpferde** – dazu gehören die holländischen Friesen, die Andalusier aus Spanien oder die portugiesischen Lusitanos.

Merke dir ...
✔ die Einteilung der Pferderassen in Kaltblüter, Warmblüter, Vollblüter und Spezialrassen,
✔ die wichtigsten deutschen Zuchtgebiete und ihre Brandzeichen,
✔ einige Ponyrassen, die in Deutschland gezüchtet werden.

2 Begegnung mit dem Pferd

Der Pferdekörper und die Sinnesorgane

Pferde sind unsere größten Haustiere. Sie können sogar über 1,80 Meter groß werden und mehr als 700 Kilogramm wiegen.

60 Millionen Jahre Pferdegeschichte
Das war nicht immer so. Die ersten Vorfahren unserer heutigen Pferderassen lebten vor 60 Millionen Jahren. Sie waren so klein wie Füchse. Mit ausgespreizten Klauen bewegten sie sich im brodelnden Sumpfwald vorwärts und ernährten sich von Laub. Im Laufe vieler Millionen Jahre änderten sich das Klima und die natürlichen Landschaften. Die Pferde änderten sich mit: Sie wurden größer und schneller. Ihre Klauen wuchsen zu Hufen zusammen und sie ernährten sich von Gras.

Urwildpferde
Die **Urwildpferde** waren mittelgroße, zottige Ponys mit breiten, dicken Köpfen, einem hellen Maul und einem schwarzen Aalstrich. Sie lebten in der weitläufigen, grasbewachsenen Steppe. Die Pferderassen, die wir heute kennen, stammen von Wildpferden ab. Die Urwildpferde sind ausgestorben; es gibt auf der ganzen Welt nur noch wenige in Freiheit lebende Wildpferde.
In Deutschland sind es die Dülmener Wildpferde, die in einem großen eingezäunten Gebiet in der Nähe von Münster leben.

Von ihren wild lebenden Vorfahren haben alle Pferde besonders leistungsfähige **Sinnesorgane** geerbt.

Wache Augen
Mit den **seitlich am Kopf liegenden Augen** können Pferde gleichzeitig nach rechts

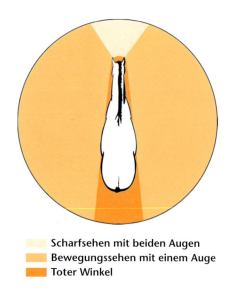

Scharfsehen mit beiden Augen
Bewegungssehen mit einem Auge
Toter Winkel

und links, nach vorne und nach hinten schauen. Richtig scharf erkennen sie aber nur das, was sie mit beiden Augen zugleich sehen können – auf der Zeichnung oben mit ganz heller Farbe gekennzeichnet. Allerdings reicht den Pferden ein Auge aus, um Bewegungen in weiter Ferne wahrzunehmen, die wir Menschen nicht einmal ahnen.
Direkt hinter sich haben Pferde einen toten Winkel, in dem sie gar nichts sehen können. Von dort darfst du dich einem Pferd niemals nähern – es könnte erschrecken und ausschlagen, weil es einen unbekannten Feind abwehren will.

Hellhörige Ohren
Pferde können besser **hören** als Menschen. Laute, plötzliche und schrille Geräusche sind ihnen unangenehm.
➡ Sprich mit deinem Pferd ruhig, leise und mit möglichst tiefer Stimme.
➡ Vermeide Geschrei und Streit im Pferdestall.

Der Pferdekörper und die Sinnesorgane

Eine feine Nase

Pferde können es, was die Spürnase angeht, mit manchem Hund aufnehmen. Sie verfolgen zwar keine Fährten, aber sie wittern fremdartige Gerüche aus großer Entfernung. Sie können sogar davor scheuen, zum Beispiel vor stark riechenden Medikamenten.

Empfindliche Haut und Haare

Mit den **Tasthaaren** rund um Maul und Nüstern können Pferde Fremdkörper aus dem Futter sortieren. Die Tasthaare darf man auf keinen Fall abschneiden! Ihre **Haut** ist empfindlich. Sie lassen sich gern streicheln, aber sie sind an manchen Stellen auch kitzelig, zum Beispiel in den Flanken. Pferde können, genau wie Menschen, über die Haut **Schweiß** absondern. Und sie können eine Fliege auf der Haut regelrecht wegzucken.

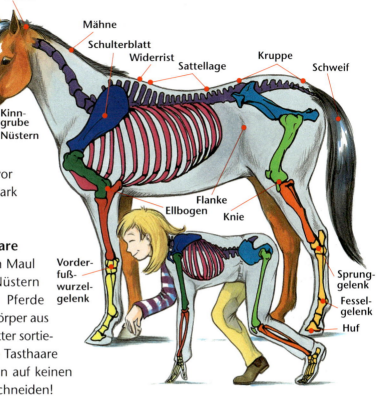

Keine Menschen auf vier Beinen

Im Vergleich zu uns Menschen laufen Pferde auf ihren **Zehenspitzen**. Daher liegt zum Beispiel ihr Knie nicht in der Mitte der Hinterbeine, sondern viel weiter oben. Aber Pferde sind keine Menschen auf vier Beinen. Fohlen kommen fix und fertig auf die Welt. Wenige Stunden nach der Geburt können sie in voller Geschwindigkeit mit einer Herde mitlaufen! Das geht nur, weil sie eine leistungsfähige Lunge und ganz besonders konstruierte Sehnen haben.

> **Merke dir ...**
> ✔ Alle heutigen Pferderassen stammen von Wildpferden ab.
> ✔ Pferde laufen auf ihren Zehenspitzen, den Hufen.
> ✔ Von den in der Steppe lebenden Vorfahren haben sie ihre natürlichen Bedürfnisse und typischen Verhaltensweisen geerbt.
> ✔ Pferde verfügen über sehr leistungsfähige Sinnesorgane. Sie sehen, hören, riechen und tasten besser als Menschen.

2 Begegnung mit dem Pferd

Die Sprache der Pferde

Wiehern und andere Töne

Pferde sind leise Tiere. Ihr helles Wiehern lassen sie nur hören, wenn sie aufgeregt sind. Mit lauter Stimme ruft eine besorgte Mutter nach ihrem Fohlen, ein Hengst nach seiner Stute, ein alleingelassenes Pferd nach seinem Gefährten.

Pferde können nicht nur wiehern, sondern auch zur Begrüßung leise schnauben, zur Abwehr eines fremden Pferdes laut quietschen, nach einem schönen Ritt zufrieden prusten oder beim Anblick des Tierarztes wütend schnorcheln. Im Alltag verhalten sie sich meist lautlos und selbst Schmerzen ertragen sie in der Regel stumm. Trotzdem können sie sich sehr gut verständigen.

Ihre Sprache besteht aus
- dem Gesichtsausdruck
- dem lebhaften Ohrenspiel
- deutlichen Körperhaltungen
- eindeutigen Bewegungen

Auf den ersten Blick

In Sekundenschnelle erkennen Pferde, in welcher Stimmung sich ihnen ein anderes Pferd nähert. Sie wissen genau, ob es ruhig, gelassen und neugierig oder ängstlich und fluchtbereit ist; ob es spielen und toben oder ernsthaft kämpfen möchte.

Aufregung steckt an: Ein einziges aufgeregtes Pferd, das mit hochgestelltem Schweif davonprescht, kann eine ganze Pferdeherde in die Flucht treiben. Und ein einziges aufgeregtes Pferd kann einen Ausritt für alle Beteiligten zum gefährlichen Abenteuer werden lassen.

Pferde schätzen auch uns Menschen auf den ersten Blick sicher ein. An unserer Körperhaltung und unseren Bewegungen lesen sie ab, ob wir selbstbewusst oder ängstlich, unserer Sache sicher oder verunsichert, ruhig und geduldig oder angespannt und ungeduldig sind. Pferde durchschauen uns schnell. Und sie merken sofort, wenn wir Angst vor ihnen haben.

◀ Ein interessiertes Pferd schaut dich mit großen Augen und gespitzten Ohren freundlich an.

◀ Ein erregtes Pferd wölbt den Hals, bläht die Nüstern und reißt die Augen weit auf.

◀ Ein ängstliches Pferd weicht zurück, hat ein furchtsames Auge und lauscht auf die Gefahr.

◀ Ein drohendes Pferd legt die Ohren flach an und kneift Augen und Nüstern zusammen.

Die Sprache der Pferde 2

Freund und Feind

Unter Pferden gibt es dicke **Freunde** und hartnäckige **Feinde**. Warum sich zwei Pferde gut leiden können und zwei andere sich beständig streiten, verraten sie uns leider nicht.

Aber sie sind treu: Selbst nach langer Trennung erkennen sie ehemalige Stallgefährten sofort wieder.

Befreundete Pferde stehen gern nah beieinander. Sie kraulen sich gegenseitig das Fell am Mähnenkamm und am Widerrist.
Verfeindete Pferde gehen mit drohend angelegten Ohren aufeinander los, beißen und schlagen.

Aber nicht jeder Streit ist ein ernsthafter Kampf: Fohlen balgen sich einfach zum Spaß. Und manche älteren Pferde **spielen** dabei noch gern mit.

Auch die Stimmung deines Pferdes kannst du deutlich an seinem **Gesichtsausdruck** und seiner **Körperhaltung** ablesen:
➡ Beobachte das Ohrenspiel, das Pferdeauge und die Nüstern.
➡ Beobachte die Haltung von Kopf und Hals.
➡ Beobachte, mit welcher Energie und in welche Richtung sich das Pferd bewegt.

◀ Nur befreundete Pferde dürfen sich berühren.

Die Botschaft ist klar: ▲
„Hau ab, oder ich beiße dich!"

Merke dir ...
✔ Pferde können verschiedene Laute von sich geben: wiehern und schnauben, quietschen, prusten, stöhnen oder schnorcheln.
✔ Pferde verständigen sich durch Gesichtsausdruck, Ohrenspiel, Körperhaltung und Bewegungen.
✔ Pferde beobachten auch unsere Bewegungen und merken, in welcher Stimmung wir sind.

2 Begegnung mit dem Pferd

Mit Pferden umgehen

Tierschutz

Der generelle Umgang mit Tieren ist im **Tierschutzgesetz** geregelt. Darin ist zum Beispiel festgehalten, dass jeder, der Tiere hält, angemessen für ihre **natürlichen Bedürfnisse** sorgen, sie entsprechend füttern und pflegen muss. Niemand darf einem Tier aus einem unwichtigen Grund **Schmerzen** oder Leiden zufügen. (Ein wichtiger Grund könnte zum Beispiel eine nötige, aber unangenehme Behandlung durch den Tierarzt sein). Und niemand darf ein Tier zu **Leistungen zwingen**, für die ihm die natürliche Veranlagung und die Ausbildung fehlen.

Das hört sich ganz selbstverständlich an. Aber dennoch wird im Umgang mit Pferden gegen diese Bestimmungen verstoßen – auch aus Unwissenheit.

> **Tipp**
> Wenn der Umgang mit einem Pferd nicht klappt – suche den Fehler zuerst bei dir.

Ein Pferdefreund werden

Vielleicht wirst du dich ohne Zögern selbst als **Pferdefreund** bezeichnen. Aber bist du auch sicher, dass Pferde dich als ihren Freund bezeichnen würden? Zu einem echten Pferdefreund gehört mehr, als diese Tiere gern zu haben. Als echter Pferdefreund musst du dich schlau machen über die instinktiven Verhaltensweisen und natürlichen Bedürfnisse der Pferde. Du darfst nie vergessen, dass für Pferde andere Dinge wichtiger sind als für uns Menschen.
Die Zuneigung und Freundschaft eines Pferdes zu erwerben kostet viel Zeit und Geduld. Lies dir das 1 x 9 der Pferdefreunde auf den letzten Seiten im Buch genau durch. In diesem Poster sind die wichtigsten Punkte zusammengestellt, die einen echten Pferdefreund ausmachen.

Respekt, Vertrauen, Gehorsam

Die drei wichtigsten Punkte für den Umgang mit jedem Pferd sind:
- Respekt – den dir das Pferd entgegenbringt
- Vertrauen – als Grundlage für ein harmonisches Miteinander
- Gehorsam – damit das Pferd dich nicht in Gefahr bringt

Aus der Sicht des Pferdes muss gegenüber Menschen die Rangordnung geklärt sein. Für ein Pferd musst du der Boss sein – nur dann fühlt es sich in deiner Nähe auch sicher!
Den **Respekt** eines Pferdes muss man sich erwerben: durch ruhiges, bestimmtes Auftreten, durch sichere, fachgerechte Handgriffe und ein gutes Verständnis für das Ver-

Verständnis und Vertrauen – so klappt der Umgang mit dem Pferd.

halten des Pferdes. Wichtig ist dabei, sich immer gleich zu verhalten und nicht nach Lust und Laune unterschiedlich zu reagieren. Das kann anstrengend sein!
Aber das Pferd wird dich am Ende mit seinem **Vertrauen** belohnen, und das ist ein gutes Gefühl. Dann kannst du auch dem Pferd vertrauen. Am Ende **gehorcht** dir das Pferd selbst dann, wenn sein Instinkt ihm zur Flucht rät – das ist die beste Voraussetzung für deine eigene **Sicherheit**.

Lob oder Strafe

Pferde **lernen** schnell. Sie nehmen rasch **Gewohnheiten** an und halten sehr hartnäckig daran fest. Dabei sind sie leicht zu durchschauen: Sie machen freiwillig und gern, was ihnen Spaß macht, und **vermeiden**, was ihnen unangenehm ist oder wovor sie Angst haben. Aber Pferde haben im Gegensatz zu uns Menschen keine plötzlichen Launen oder schlechten Absichten!
Wenn sie nicht tun, was wir wollen, dann haben wir uns nicht gut genug verständlich machen können, eine unpassende Forderung gestellt oder das Pferd hat seinen Instinkten mehr vertraut als uns. Strafen machen in so einem Fall keinen Sinn – auch wenn man sich mal ärgert! Ein Pferd kann eine Strafe (Schimpfen, grobe Behandlung oder gar Schläge) überhaupt nicht verstehen.

Das beste Mittel, auf ein Pferd Einfluss zu nehmen, ist **Lob** – und das Pferd in seinem Verhalten zu bestärken. Lob kann viele verschiedene Formen annehmen: eine freundliche Stimme, Klopfen am Hals, Beenden einer schwierigen Aufgabe oder Wechseln zu einer Übung, die dem Pferd Spaß macht. Auch ein Leckerbissen kann eine Belohnung sein, aber damit muss man sparsam umgehen.

▲ Richtig loben: mit einer Hand auf der gegenüberliegenden Halsseite.

Konflikte

Und wenn doch einmal ein Problem auftritt, ist es wichtig, an **Korrektur** zu denken statt an Strafe. Ein Pferd wird sein **Verhalten** am ehesten **ändern**, wenn es ihm unangenehm oder unmöglich gemacht wird. Wenn es zum Beispiel die Angewohnheit hat, spielerisch nach dir zu schnappen, dann musst du versuchen, ihm gar keine Möglichkeit dafür zu bieten. Binde das Pferd kurz an und führe alle Handgriffe so aus, dass du es immer unter Kontrolle hast. Nach einer Weile wird ihm die Sache langweilig werden! Um ein Pferd zu korrigieren, muss man Kenntnisse und Köpfchen einsetzen – statt Kraft.

Merke dir …
✔ die wichtigsten Bestimmungen des Tierschutzgesetzes,
✔ das 1 x 9 der Pferdefreunde.

3 Haltung, Fütterung, Gesundheit

Ein Stall mit offenen Türen

Pferdeställe können sehr verschieden aussehen. Aber für alle gilt gleichermaßen: Pferde können sich in einem Stall nur wohlfühlen, wenn ihre **natürlichen Bedürfnisse** respektiert werden.

Was Pferde zu ihrem Wohlbefinden brauchen:
- frisches **Wasser** satt
- leistungsgerechtes **Futter**
- so viel **Licht** und Sonne wie möglich
- frische **Luft**, aber keinen Durchzug
- **Kontakt** zu anderen Pferden
- genügend Auslauf und **Bewegung**
- einen regelmäßigen und doch abwechslungsreichen **Tagesablauf**

Freies Leben in der Herde

Wenn Pferde sich entscheiden dürften, würden sie alle gern gemeinsam mit Artgenossen in einer **Gruppen-Auslaufhaltung** leben. Bei dieser Haltungsform werden Pferde in einer kleineren oder größeren Herde gehalten und sie können sich auf einer größeren Fläche frei bewegen.

Im Sommer können viele Pferde diese natürliche Haltung genießen, wenn sie Tag und Nacht auf einer größeren **Weide** bleiben. Dort können sie fressen, dösen, laufen, spielen oder schlafen, ganz wie sie Lust haben.

Als **Schutz** vor Sonne, Wind und Regen genügt ihnen eine Baumgruppe oder ein Unterstand. Sollen die Pferde ganzjährig draußen gehalten werden, dann brauchen sie einen überdachten Liegeplatz, getrennte Futterplätze für Kraftfutter, eine von allen Seiten zugängliche Heuraufe, eine frostsichere Tränke und eine Bewegungsfläche mit befestigtem Boden.

Pferde in Boxen

Viele Pferde werden – zumindest zeitweise – in **Einzelboxen** gehalten. Diese Haltungsform ist typisch für Reitvereine oder für Reitställe, in denen Pferde vieler Besitzer stehen. Boxen bieten eine sichere, praktische Unterbringung, aber Pferde sind nicht gerne den ganzen Tag eingesperrt. Sie möchten etwas von ihrer Umwelt sehen. Daher ha-

Ein Stall mit offenen Türen

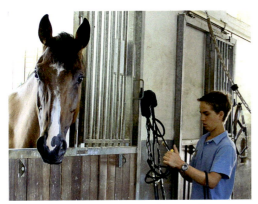

▲ Pferde wollen aus ihrer Box herausschauen können.

ben die meisten Boxen ab der halben Höhe Gitterstäbe, durch die die Pferde hindurchschauen und mit ihren Nachbarn Kontakt aufnehmen können. **Außenboxen** verfügen über große offene Fenster oder teilbare Türen, aus denen die Pferde ins Freie schauen können.

Früher wurden Acker- und Kutschpferde, die den ganzen Tag über in Bewegung waren, im Stall oft in Ständern angebunden. Unsere Reitpferde haben aber in solchen **Ständern** zu wenig Bewegungsfreiheit. Die Ständerhaltung ist nicht mehr zeitgemäß und in vielen Bundesländern schon verboten.

Bewegung an frischer Luft

Alle Pferde – ob jung oder alt, ob Zirkuspony oder Turnierpferd – lieben **freie Bewegung** an frischer Luft. Auf einer **Koppel** fühlen sich alle Pferde sofort zu Hause – daher sollte auch jedes Pferd während der Weidesaison die Möglichkeit haben, wenigstens ein paar Stunden lang auf einer **Koppel** zu grasen.
In einem **Auslauf** oder **Paddock** mit befestigtem Untergrund können sich Pferde zu jeder Jahreszeit nach Lust und Laune an der frischen Luft bewegen. Daher werden – wie in der Zeichnung – oft Einzelpaddocks direkt an Pferdeboxen angebaut. Dann können die Pferde selbst entscheiden, ob sie die Zeit lieber drinnen oder draußen verbringen.

Gute Freunde, hartnäckige Feinde

Auch auf der Koppel und im Auslauf sind Pferde nicht gern allein. Aber nicht alle vertragen sich miteinander.

➡ Vorsicht, wenn **fremde Pferde** sich auf der Weide begegnen. Sie klären als Erstes die Rangordnung untereinander. Dabei können sie sich verletzen – besonders wenn sie beschlagen sind.

➡ Die meisten Pferde gewöhnen sich aneinander. Aber Pferdefreundschaften kann man als Mensch nicht erzwingen – Pferde sind treue Freunde, aber auch hartnäckige Feinde.

Wenn Pferde sich erst einmal zu einer **Herde** zusammengeschlossen haben, fühlen sie sich in der Gemeinschaft wohl und sicher. **Fohlen** brauchen das Leben in einer Pferdeherde, um ungestört aufwachsen zu können.

> **Merke dir ...**
> ✔ Pferde können entweder einzeln in Boxen oder in der Gruppe mit freiem Auslauf gehalten werden.
> ✔ Die Haltung in der Herde auf der Weide entspricht der Natur des Pferdes am besten.
> ✔ Alle Pferde brauchen Wasser und Futter, Licht und Luft, Bewegung und Kontakt zu anderen Pferden.

3 Haltung, Fütterung, Gesundheit

Wie ein Reitstall funktioniert

Viel Platz und kurze Wege
Natürlich sieht jeder Reitstall anders aus. Und doch – wo Pferde untergebracht und geritten werden sollen, müssen immer die gleichen Probleme gelöst werden:
- Wo wird das **Futter** gelagert?
- Wohin mit dem Mist?
- Wo gibt es **Platz zum Anbinden** und Putzen?
- Wo wird das **Sattelzeug** untergebracht?
- Wie schafft man viel Platz für Pferde und kurze Wege für Menschen?

Die Stallgasse
Meistens sind die Boxen so angelegt, dass sich ihre Türen zur **Stallgasse** hin öffnen. Sie ist sozusagen das Herzstück des Stalls: Hier kommen alle Reiter und Pferde entlang, hier wird Futter transportiert, hier fahren Schubkarren vorbei, hier wird bei schlechtem Wetter geputzt, hier wird Sattelzeug geschleppt und Zubehör gelagert. Vielleicht sind hier sogar der Schmied oder der Tierarzt bei der Arbeit. Kein Wunder, dass auf der Stallgasse meistens auch die wichtigsten Gespräche stattfinden.

Tipp
Überlege: Wie ist der Stall organisiert, in dem du reitest?

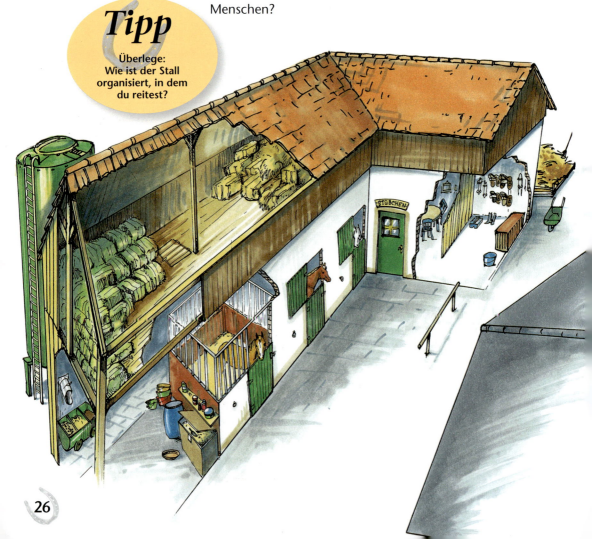

Wie ein Reitstall funktioniert

Sicherheit in der Stallgasse

Gerade weil auf der Stallgasse viele verschiedene Arbeiten ablaufen, sind hier **Ordnung** und **Sicherheit** für Menschen und Pferde oberstes Gebot! Wenn Pferde in der Stallgasse angebunden sind, dürfen keine Gegenstände in ihrer Reichweite herumliegen oder -stehen. Das gilt für Putzkisten wie für Besen, für Eimer wie für Schubkarren. Ganz besonders gefährlich sind an die Boxenwand gelehnte Mistgabeln mit ihren spitzen Zinken.

Haben die Boxen zur Stallgasse hin Fenster, so muss immer damit gerechnet werden, dass das Pferd in der Box versucht, zum Pferd in der Stallgasse Kontakt aufzunehmen. Im Zweifelsfall diese Fenster schließen!

Jeder Mensch, der an einem angebundenen Pferd auch nur vorbeigeht, muss das Pferd **ansprechen** und abwarten, bis es reagiert. Wenn ein Pferd abgelenkt und auf die Annäherung eines Menschen nicht gefasst ist, kann es mit plötzlicher Abwehr reagieren!

Wenn Pferde sich auf der Stallgasse **begegnen**, ist immer Vorsicht angesagt.
➡ Die Pferde dürfen sich nicht berühren, erlaube den Pferden keinen Nasenkontakt!
➡ Halte so viel Abstand wie möglich!
➡ Bei Pferden, die sich nicht mögen, auf das Vorbeiführen verzichten.

Wie das Vorbeiführen, das „Passieren" in der Stallgasse richtig ausgeführt wird, siehst du auf Seite 45.

Jedes Halfter hat seinen Platz.

Ordnung in der Sattelkammer

Ein besonders wichtiger Raum in jedem Reitstall ist die Sattelkammer. Hier wird das Sattelzeug übersichtlich aufbewahrt. Sättel und Trensen aus Leder müssen trocken und luftig aufgehängt werden, sonst können sie zu schimmeln anfangen.
In der Sattelkammer für die Schulpferde ist die gesamte Ausrüstung so gekennzeichnet, dass sich jeder Reitschüler gut zurechtfindet.
Schau dich in der Sattelkammer gut um. Dann wirst du schnell finden, was du brauchst, wenn du dein Pferd für die Reitstunde vorbereiten willst.
➡ Räume nach der Stunde alles wieder an seinen Platz.
➡ Hilf mit, Ordnung in der Sattelkammer zu halten.

> **Merke dir ...**
> ✔ Jeder Stall braucht sichere Unterbringung für die Pferde, Platz für Vorrat an Futter und Einstreu, eine Sattelkammer, einen Anbinde- und Putzplatz und einen Misthaufen.
> ✔ Auf der Stallgasse darf nichts in Reichweite der Pferde herumstehen oder -liegen.
> ✔ Beim Umgang mit Pferden auf der Stallgasse ist besondere Vorsicht nötig.

3 Haltung, Fütterung, Gesundheit

Pferdeboxen und Stalldienst

Was zu einer Pferdebox gehört

Jede **Pferdebox** muss **sicher** sein, sodass ein Pferd sich darin nicht verletzen und die Tür nicht eigenständig öffnen kann. Innen in der Box darf es keine scharfen Kanten oder hervorstehende Haken oder Nägel geben; im Gitter zur Nachbarbox darf kein Pferdehuf hängen bleiben können. Je **größer**, desto besser ist die Box; so groß, dass das Pferd sich ausgestreckt gemütlich hinlegen kann – dazu **hell** und gut **belüftet**. Pferde frieren nur ganz selten, aber sie vertragen keine stickige Luft! In der Box sollte eine eingebaute **Futterkrippe** vorhanden sein, eine **Selbsttränke** oder ein sicher angebrachter Wassereimer und eine pferdegerechte **Einstreu**.

Stroh ist die Lieblingseinstreu aller Pferde. Da sie Stroh auch fressen, können sie den ganzen Tag nach einem genießbaren Hälmchen suchen. Für Pferde mit gesundheitlichen Problemen wie häufigen Koliken oder chronischer Bronchitis sind **Hobelspäne** als Einstreu besser geeignet.

Zur Versorgung der Pferde im Stall gehört der tägliche **Stalldienst**. Er läuft in allen großen Reitställen ähnlich ab: Es wird gefüttert, getränkt, ausgemistet und frisch eingestreut.

> **Tipp**
> Es macht Spaß, sich am Stalldienst zu beteiligen!

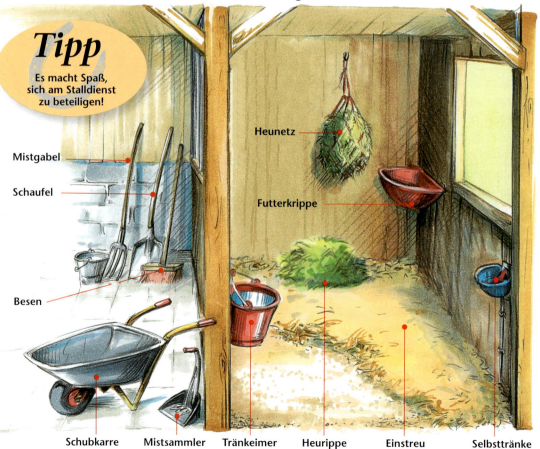

Mistgabel · Schaufel · Besen · Schubkarre · Mistsammler · Tränkeimer · Heunetz · Futterkrippe · Heurippe · Einstreu · Selbsttränke

Pferdeboxen und Stalldienst 3

Tränken und Füttern
In der Box vorhandene **Selbsttränken** werden überprüft, **Wassereimer** aufgefüllt und regelmäßig gesäubert. Pferde mögen nur frisches, sauberes Wasser. Sie müssen sich satttrinken können! Besonders viel Durst haben sie, nachdem sie Heu oder Stroh gefressen haben.

Die **Fütterung** der Pferde muss regelmäßig, pünktlich und nach einem festgelegen Futterplan *(siehe Seite 30)* erfolgen. Heu sollte den Pferden durchgehend zur freien Verfügung stehen, Kraftfutter sollte in kleinen Portionen – am besten dreimal am Tag – gefüttert werden.
Heu wird am besten einfach auf dem Boden aufgeschüttelt, das ist sicherer als ein Heunetz. Hängt das zu tief, kann ein Pferd sich mit den Hufen darin verfangen, hängt es zu hoch, fliegt den Pferden der Heustaub in die Augen.

Das Ausmisten
Wenn möglich, stelle das Pferd während des Ausmistens an die frische Luft. Muss es in der Box bleiben, dann kann man ihm sicherheitshalber Heu vorlegen. Je nach Art der Einstreu braucht man zum Ausmisten eine **Gabel** mit mindestens vier Zinken und eine Schaufel. Zum Ausmisten von Sägespänen gibt es Spezialgabeln.
- Stell die **Schubkarre** so vor die geöffnete Boxentür, dass das Pferd die Box nicht selbstständig verlassen kann.
- Hantiere vorsichtig mit jedem Werkzeug in unmittelbarer Nähe eines Pferdes.

Zunächst werden alle Pferdeäpfel aus der Box entfernt. Verklebte, dunkle und nasse Streu wird ebenfalls auf die Schubkarre geladen. Sobald sie voll ist, wird sie auf dem Misthaufen ausgeleert.

Zum Schluss wird die frische **Einstreu** aufgeschüttelt und gleichmäßig in der Box verteilt.

Kehren
Zum Abschluss aller Arbeiten werden Stallgasse und Putzplatz sauber **gekehrt**. Das ist keine schwere, aber eine häufig nötige Arbeit.
- Wenn du mit deinem Pferd Dreck hinterlassen hast, dann denke an das Kehren!
- Wenn du fachmännisch mit **Besen**, **Gabel** und **Schaufel** umgehen willst, musst du lernen, die Geräte mit beiden Händen und nach beiden Seiten zu bedienen.

▲ Dreck weg – sollte für jeden Reiter eine Selbstverständlichkeit sein.

Merke dir ...
✔ Eine Pferdebox muss sicher, groß, hell und gut belüftet sein.
✔ Zur Einrichtung gehören eine Futterkrippe, eine Tränke oder ein Wassereimer und Einstreu.
✔ Der Pferdemist muss täglich entfernt werden.

3 Haltung, Fütterung, Gesundheit

Was Pferde fressen

Pferde haben einen ganz kleinen Magen und einen riesenlangen Darm. Damit ihre Verdauung funktioniert, brauchen sie viel Futter – aber nicht zu viel auf einmal.
Wild lebende Pferde grasen fast den ganzen Tag. Pferde, die in Ställen gehalten werden, müssen regelmäßig und pünktlich gefüttert werden – am besten dreimal am Tag.

Wasser und Heu satt

Das wichtigste Futtermittel für Pferde ist flüssig: klares Wasser. Pferde haben viel Durst. In der Regel saufen sie 30 bis 50 Liter am Tag.
→ Halte Selbsttränken und Tränkeimer sauber!
→ Wenn du ein Pferd von Hand tränkst: Warte geduldig, bis es sich satt getrunken hat!

Für Tiere, die ursprünglich in der Steppe zu Hause waren, ist Heu das wichtigste Nahrungsmittel. Sie sollten so viel gutes Heu fressen können, wie sie mögen. Heu ist das einzige Nahrungsmittel, das man Pferden unbedenklich zur freien Verfügung anbieten kann.
Auf einer reichhaltigen Weide können sich Pferde auch nur vom Gras ernähren. Daran müssen sie im Frühjahr langsam gewöhnt werden.
Alle Pferde – außer kleinen Fohlen – brauchen Zugang zu einem Salzleckstein.

Kraftfutter nach Plan

Pferde müssen regelmäßig nach einem festen Plan gefüttert werden. Wie viel Kraftfutter ein Pferd braucht, hängt von seiner Größe, seinem Gewicht und vor allem von der Leistung ab, die es erbringen muss. Früher gab es die Faustregel: Ein Pferd braucht am Tag 10 Pfund Hafer, 10 Pfund Heu und 10 Pfund Stroh. Nach heutigen Erkenntnissen würde man einem Großpferd etwas mehr Heu, dafür aber weniger Hafer geben. Ponys kommen mit sehr viel weniger Futter aus als Großpferde. Zu viel Kraftfutter schadet allen Pferden – sie können davon sehr übermütig oder krank werden.

Für die Zusammenstellung von Futterrationen braucht man Wissen und Erfahrung.
- Lass dich auf jeden Fall beraten.
- Hilf beim Füttern mit, dann lernst du am besten, wie groß die Futterportionen sein müssen.
- Rechne damit, dass Pferde futterneidisch, das heißt besonders gierig auf das Futter sind.
- Nach dem Füttern brauchen Pferde Ruhe, um das Futter zu verdauen.

▲ Futterzeit – aus dem Futterwagen werden die einzelnen Rationen in den Eimer gefüllt.

Was Pferde fressen 3

▲ Für jedes Pferd wird die passende Ration abgemessen.

Futtermittel für Pferde
- **Kraftfutter**: Hafer, Gerste, Mais, Kraftfuttermischungen in loser oder gepresster Form
- **Raufutter**: Heu und Stroh
- **Saftfutter**: Gras, Silagen, Mohrrüben, Futterrüben
- **Zusatzfutter**: Mineralsalze, Kleie, Trockenschnitzel aus Zuckerrüben, Melasse, Leinsamen, Bierhefe und Pflanzenöle
- **Belohnungsfutter**: Äpfel, Möhren, trockenes Brot, spezielle Leckerli (Würfelzucker nur ausnahmsweise!)

Füttern aus der Hand
Vielleicht möchtest du deinem Lieblingspferd gern einen Leckerbissen geben. Gehe sparsam damit um! Füttern aus der Hand kann heftiges Futterbetteln, zum Beispiel Scharren mit den Vorderbeinen, aber auch gieriges Schnappen nach deiner Hand auslösen. Dann solltest du das Belohnungsfutter nicht aus der Hand füttern, sondern in die Krippe legen.
➡ Oft werden die Nachbarpferde futterneidisch und betteln mit.
➡ Echte Pferdefreunde füttern Pferde nur mit Einverständnis ihrer Besitzer!

Füttere aus der flachen Hand mit ausgestreckten Fingern und angelegtem Daumen. ▼

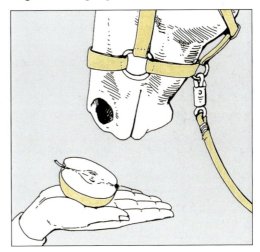

▲ Leckerbissen für Pferde: Äpfel, Möhren, trockenes Brot

Merke dir ...
✔ Pferde müssen regelmäßig und nach einem festgelegten Plan gefüttert werden.
✔ Genügend Heu und Wasser sind die wichtigsten Bestandteile des Futters.
✔ Weitere Futtermittel sind Kraftfutter, Saftfutter und Zusatzfutter.

Pferdekrankheiten

Pferde sind große und starke Tiere, und doch sind sie anfällig für **Krankheiten** und Verletzungen. Leider können sie uns nicht sagen, was ihnen fehlt. Aber sie haben dennoch Möglichkeiten, uns unmissverständlich mitzuteilen, dass mit ihnen etwas nicht stimmt.

Krankheitsanzeichen

Am leichtesten lassen sich auffällige äußere Erkrankungen der Pferde feststellen: **Schwellungen** und offene **Wunden**. Schwellungen kommen vor allem an den Beinen und in der Sattellage des Pferdes vor. Erste Hilfe bietet viel kaltes, kühlendes Wasser.

Kleinere offene Wunden werden vorsichtig mit Wundpuder oder einem speziellen Wundspray versorgt.

Wenn ein Pferd **lahmt**, also mit einem Bein humpelt, kommen dafür viele mögliche Ursachen infrage. Wenn man keine äußere Verletzung sieht, ist es oft gar nicht so einfach zu erkennen, auf welchem Bein ein Pferd lahmt. Es hilft, sich vorzustellen, dass ein Pferd das kranke Bein weniger belastet, das gegenüberliegende Bein dafür umso mehr.

Häufig liegt die Ursache für das Lahmen in den Hufen, aber auch Entzündungen in Gelenken, Sehnen und Bändern kommen öfters vor. Fachleute (Schmied, Tierarzt) müssen erst einmal klären, woher die Lahmheit kommt.

Kolik ist der Sammelname für Erkrankungen, die heftige Bauchschmerzen auslösen. Pferde sind dann unruhig, schwitzen, wälzen sich und schauen sich nach ihrem schmerzenden Bauch um. Anders als beim Menschen ist eine Kolik für Pferde lebensbedrohlich.

Die **Atemwege** der Pferde sind sehr empfindlich. Wenn Pferde husten, muss der Tierarzt die Ursache abklären. Manchmal bleibt auch ein chronischer, also unheilbarer Husten von einer Infektion zurück. Viele Pferde reagieren **allergisch** gegen Pollen, Insekten oder Schimmelpilze im Stroh.

Pferde können bei vielen Krankheiten **Fieber** bekommen, genau wie wir. Sie wirken dann matt, lustlos und sie verschmähen ihr Kraftfutter.

PAT = Puls, Atmung, Temperatur

Ob Pferde gesund und fit sind, lässt sich an ihrem **Puls**, ihrer **Atmung** und ihrer **Temperatur** ablesen – die Abkürzung dafür ist PAT-Werte. Pferde haben eine ungefähr **ein Grad höhere Körpertemperatur** als wir Menschen. Im Ruhezustand atmen sie sehr langsam, du kannst es am Heben und Senken der Flanken und an der Bewegung der Nüstern sehen. Unter starker Belastung atmen Pferde viel schneller. Ebenso erhöht sich der Herzschlag (Puls), den man an der Innenseite des Unterkiefers fühlen kann.

PAT-Werte im Überblick

Werte	Ruhezustand	große Anstrengung
Puls		
Pferd	28 – 40/Min	bis 220/Min
Fohlen	ca. 80/Min	
Atmung		
Pferd	8 – 16/Min	bis zu 80 – 100/Min
Fohlen	24 – 30/Min	
Temperatur		
Pferd	37,5 – 38,2°C	maximal 41°C
Fohlen	37,5 – 38,5°C	

Pferdekrankheiten 3

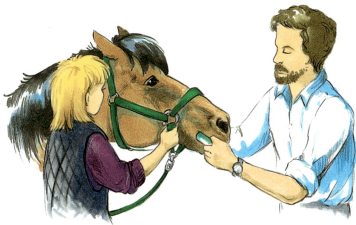

Mit einer großen Spritze kann der Tierarzt ein Medikament direkt in das Pferdemaul spritzen. Was ein Pferd einmal heruntergeschluckt hat, kann es nicht wieder ausspucken.

Gesundheitsfürsorge

Pferde müssen regelmäßig mindestens zweimal im Jahr entwurmt werden. Die sogenannte **Wurmkur** wird meistens mit einer großen Spritze verabreicht.

Es gibt eine Reihe von möglichen **Impfungen** für Pferde. Am wichtigsten ist die Impfung gegen Influenza, die sogenannte Pferdegrippe. Sie ist für Pferde, die auf Turnieren starten sollen, in festgelegten Abständen vorgeschrieben.

Jedes **veränderte Benehmen** eines Pferdes kann ein Krankheitsanzeichen sein: Teilnahmslosigkeit oder starke Erregung, Schwitzen, häufiges Gähnen oder Flehmen (Hochziehen der Oberlippe), aber auch Unlust und Widerstand beim Reiten.

Wann der Tierarzt kommen muss
- bei starken Anzeichen von **Unwohlsein** des Pferdes
- bei größeren **Verletzungen** und **Wunden**
- bei länger andauernder **Lahmheit**
- bei extremen **Schwellungen**, insbesondere an den Beinen
- bei hartnäckigen **Hautausschlägen**
- bei entzündeten **Augen**
- bei **Kolik**
- bei **Husten**
- bei **Fieber**
- bei **Lähmungen**
- wenn ein Pferd trotz guter Fütterung beständig **abnimmt**

Üblich ist es auch, Pferde gegen **Tetanus** (Wundstarrkrampf) zu impfen, außerdem gegen **Herpes** und in gefährdeten Gebieten gegen **Tollwut**. Der Tierarzt berät über sinnvollen Impfschutz und trägt die ausgeführten Impfungen im **Equidenpass** ein.

Gegen **Tetanus** musst **du selbst** auch geimpft sein, wenn du dich im Pferdestall aufhältst!

Diese große Spritze enthält eine Wurmkur.

Merke dir ...
✔ an welchen Anzeichen du erkennen kannst, ob ein Pferd krank ist und
✔ wann der Tierarzt kommen muss.
✔ Pferde müssen regelmäßig entwurmt und geimpft werden.

4 Pferdepflege

Sicherheit am Putzplatz

Putzen – aber wo?
Am besten ist es, ein Pferd **im Freien** zu putzen. In manchen Ställen gibt es auch spezielle **Putzplätze**. Schließlich kann man auch in der Stallgasse putzen, dabei ist das Pferd am sichersten von rechts und links gleichzeitig angebunden. Die schlechteste Lösung wäre es, die Pferdepflege in die Box zu verlegen: Dort kannst du dich nicht frei bewegen und dem Pferd nicht ausweichen, wenn es sich von selbst bewegt. Außerdem fliegen Dreck und Staub, den du gerade aus dem Fell herausgebürstet hast, direkt in die Einstreu und bei nächster Gelegenheit wieder ins Pferdefell.

Ein sicherer Putzplatz hat einen trockenen, sauberen Untergrund und eine fachgerechte Anbindevorrichtung. In Reichweite der Pferdehufe darf nichts herumstehen oder -liegen.

Um ein Pferd **aufzuhalftern**, musst du es zunächst einmal **ansprechen** und warten, dass es zu dir kommt und mit seiner Nase begrüßt. Dann kannst du dich umdrehen und dich mit dem Rücken zur Pferdeschulter links neben den Pferdehals stellen.

→ Wenn man von **links und rechts bei einem Pferd** spricht, dann stellt man sich immer vor, dass man in dieselbe Richtung schaut wie das Pferd.
→ Einem bereits angebundenen Pferd näherst du dich am besten schräg von vorn, eine Annäherung direkt von vorn könnte bedrohlich wirken.
→ **Sprich** jedes Pferd an, auch wenn du nur vorbeigehen willst – und warte ab, bis das Pferd nach dir schaut.

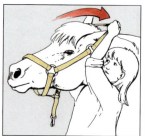

Die Bilder zeigen dir, wie die wichtigsten Formen von **Halftern** geöffnet und geschlossen werden. Halfter sollten eng anliegend verschnallt werden, damit die Pferde sich die Halfter nicht selbst abstreifen, aber auch mit dem Halfter nicht so leicht hängen bleiben können.

Anbinden – aber wie?
Pferde lernen von klein auf, **angebunden** zu werden. Trotzdem ist es für Fluchttiere kein gutes Gefühl, wenn sie im Zweifelsfall nicht fliehen können. Dann geraten sie schneller in eine gefährliche Panik. Daher sind **Anbindestricke** mit **Panikhaken** versehen, die man auch dann noch öffnen kann, wenn ein Pferd mit aller Kraft dagegenzieht. Der Panikhaken wird in den **mittleren unteren Ring** des Halfters eingehakt, bei Anbinden von rechts und links in die eckigen **Verbindungsstücke** auf beiden Seiten.

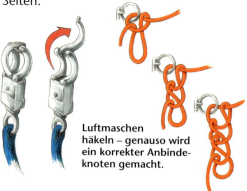

Luftmaschen häkeln – genauso wird ein korrekter Anbindeknoten gemacht.

Sicherheit am Putzplatz 4

Es gibt verschiedene Möglichkeiten, ein Pferd korrekt anzubinden: an einen etwa in Brusthöhe angebrachten **Anbindering**, an eine **-stange** oder – in einer Stallgasse – **von beiden Seiten**.

Wenn du ein Pferd anbindest, dann achte auf die korrekte **Höhe der Anbindevorrichtung** (etwa in Brusthöhe – und die richtige **Länge des Anbindestricks** (ungefähr 60 Zentimeter).

→ Binde das Pferd nie an einen beweglichen Teil (eine Tür, einen Fensterladen) an.
→ Entferne alle Gegenstände wie Putzkästen, Eimer, Gabeln, Besen oder Sattelzeug aus der Reichweite des Pferdes.

Korrekt anbinden: von rechts und links, an einer Stange oder einem Anbindering

Zu kurz angebunden

Zu tief angebunden

- Ist das Pferd **zu hoch angebunden**, kann es nicht entspannt stehen.
- Ist es **zu tief angebunden**, kann es mit dem Genick unter den Strick geraten – Panikgefahr!
- Ist es **zu kurz angebunden**, kann es sich loszureißen versuchen.
- Ist es **zu lang angebunden**, kann es sich mit den Vorderbeinen im Strick verheddern.

Merke dir ...
✔ alle Hinweise für sicheres Anbinden,
✔ wie man einen sicheren Anbindeknoten macht
✔ und wie ein sicherer Putzplatz aussieht.

4 Pferdepflege

Das richtige Putzzeug

Alles, was du zum Pferdeputzen brauchst, verstaust du am besten in einer **Putzkiste** oder Putzbox – sie muss nicht unbedingt aus dem Reitsportgeschäft sein.

Putzzeug – die Qual der Wahl
Das Angebot an **Putzzeug** im Reitsporthandel ist unübersehbar groß. Lass dich dadurch nicht verwirren! Farbe und Verzierung einer Bürste sagen nichts über ihre Qualität aus – ganz im Gegenteil.
Spare nicht an der Bürste, der **Kardätsche**. Sie muss in Größe und Form sowie in der Länge des Handgriffs zu deiner Hand passen. Sehr gute Kardätschen bestehen selbst aus Pferdehaar (Rosshaar). Für kurzes, weiches Fell brauchst du eine weiche Bürste, für längeres Fell eine härtere Bürste. Als Ergänzung zur großen Kardätsche leistet dir eine kleine sogenannte Kopfbürste gute Dienste.

Der Schweif wird nicht gekämmt, sondern vorsichtig mit der Hand verlesen.

Um den Kopf zu bürsten, kannst du das Halfter um den Pferdehals legen.

Die früher üblichen scharfen Eisenstriegel sind zum Glück aus der Mode gekommen.
Sie sind zwar wirkungsvoll, aber viele Pferde mögen es nicht, damit bearbeitet zu werden. Für Reitstallpferde reicht in der Regel ein **Striegel** aus Plastik oder Gummi. Mit einem Gummistriegel kannst du das Fell besonders gut und schonend aufrauen, am härteren Plastikstriegel lässt sich die Kardätsche besser abstreifen. Die beliebten Nadelstriegel taugen weniger zum Säubern als zum Massieren.

Der wichtigste Inhalt einer Putzkiste

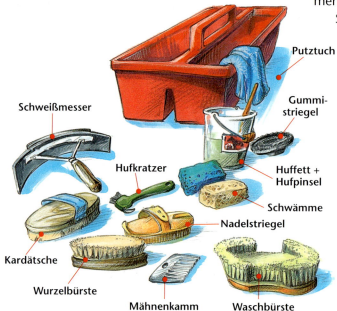

Schweißmesser, Hufkratzer, Kardätsche, Wurzelbürste, Mähnenkamm, Putztuch, Gummistriegel, Huffett + Hufpinsel, Schwämme, Nadelstriegel, Waschbürste

Das richtige Putzzeug 4

▲ Eine gut ausgestattete Putzkiste

Die beliebtesten **Hufkratzer** haben zusätzlich zur Spitze noch eine kleine Bürste – damit kannst du den Pferdehuf noch besser säubern.

Sehr nützlich ist ein **Tuch** oder weicher Lappen, mit dem du zuletzt den Staub entfernen kannst. Verklebte Haare, aber auch dunkle Flecken im Schimmelfell lassen sich gut mit einem Kokostuch bearbeiten. Ein **Mähnenkamm**, zwei **Schwämme**, eine **Waschbürste** für die Hufe, **Huffett** und **Hufpinsel** sowie ein **Schweißmesser** ergänzen dein Putzzeug.

Putzzeug sauber halten
Am besten ist es, wenn jedes Pferd sein eigenes Putzzeug hat. Wird dasselbe Putzzeug für mehrere Pferde verwendet, können auf diese Weise leicht Krankheitserreger von einem auf das andere Pferd übertragen werden.

Putzzeug sollte regelmäßig gewaschen (geht auch in der Waschmaschine in einem alten Kissenbezug) und desinfiziert werden.

Nötig, nützlich, überflüssig
Du kannst deine Putzkiste bis zum Rand mit verschiedenartigstem Werkzeug füllen. Aber nicht alles, was es zu kaufen gibt, ist nötig – ja nicht einmal nützlich. Gute Dienste leistet dir allerdings eine **Wurzelbürste**. Es gibt sie in verschiedensten Größen und Formen, sogar mit Handgriff als Ersatz für die Kardätsche, wenn du ein Pferd mit dichtem, langem Winterfell putzen willst. Eine Wurzelbürste mit längeren, weicheren Borsten eignet sich vor allem dazu, vor dem eigentlichen Putzen das Fell (oder auch die Stalldecke) von Spänen oder Strohresten zu befreien.

Tipp
Wenn du eigenes Putzzeug besitzt, kennzeichne es mit deinem Namen!

Merke dir ...
✔ Die Grundausstattung fürs Pferdeputzen sind Striegel und Kardätsche, Wurzelbürste, Hufkratzer, Mähnenkamm und zwei Schwämme.
✔ Das Putzzeug muss sauber gehalten werden.
✔ Jedes Pferd sollte möglichst sein eigenes, unverwechselbares Putzzeug haben.

4 Pferdepflege

Die tägliche Pferdepflege

Pferdepflege ist die beste Möglichkeit, sich mit einem Pferd anzufreunden. Die meisten Pferde lassen sich gerne putzen!

Es gibt viele gute **Gründe**, Pferde regelmäßig zu **putzen** – schönes Aussehen ist der unwichtigste.
- Dort, wo Sattel und Trense aufliegen, schwitzt das Pferd besonders. Dort müssen die Haare unbedingt vor dem Reiten **geglättet** werden.
- Bei der Pferdepflege kann man prüfen, ob das Pferd **Krankheitsanzeichen** zeigt und ob es sich so verhält wie immer.
- Energisches Putzen bringt den **Kreislauf** von Pferd und Reiter schon vor dem Ritt in Schwung.

Sicherheit beim Putzen

Auch wenn dein Pferd brav ist – der richtige Standort beim Putzen, ein gewohnter Ablauf und korrekte Handgriffe sind ein wichtiger Beitrag zur Sicherheit.
➡ Wähle als Ausgangspunkt einen **Standort** dicht neben der linken Pferdeschulter.
➡ Beginne das Putzen auf der **linken Pferdeseite**, arbeite dich systematisch von vorne nach hinten und von oben nach unten vor.
➡ Benutze **beide Hände**; nimm die Bürste jeweils in die Hand, die zum Kopf des Pferdes zeigt.
➡ Rechne in der warmen Jahreszeit mit **Insektenabwehr** (Schweifschlagen oder Unter-den-Bauch-Treten)

Die Arbeitsgänge

Putzen kann sehr unterschiedlich ausfallen, je nachdem, ob das Fell lang oder kurz ist, ob das Pferd Tag und Nacht draußen lebt oder in einer Box, ob es dichtes Winterfell hat oder vielleicht sogar geschoren und eingedeckt ist. Es macht zum Beispiel keinen Sinn, ein Weidepferd staubfrei putzen zu wollen.

Als erstes befreist du, wenn nötig, mit der Wurzelbürste das Fell (oder auch die Decke) von den Resten der Einstreu. Dann ist das **Striegeln** an der Reihe: Arbeite mit kreisenden Bewegungen, um das Fell und insbesondere verklebte Stellen aufzulockern.

Vorne um das Pferd herumgehen – eine Hand bleibt an der Brust.

Hinten um das Pferd herumgehen – eine Hand bleibt auf der Kruppe.

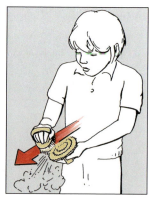

Streife die Bürste stets von dir weg am Striegel ab.

Die tägliche Pferdepflege 4

→ **Striegele nicht**, wo Knochen direkt unter dem Fell liegen: am Kopf und an den Beinen.
→ Sei vorsichtig an den **kitzeligen Stellen**: unter dem Bauch in der Flanke.

Anschließend wird das Fell mit der **Kardätsche** glatt gebürstet, und zwar immer in die Richtung, in der die Haare von Natur aus liegen. Zum Säubern der Beine benutzt du eine **Wurzelbürste**. Abschließend kannst du mit einem **Tuch** das Fell vom restlichen Staub befreien und natürlichen Glanz hervorzaubern.

▲ Die korrekten Handgriffe bei der Pferdepflege sind Übungssache.

Wichtige Einzelheiten

Das Langhaar des Pferdes, Mähne und Schweif, brauch besondere Aufmerksamkeit. Dabei gilt: lieber weniger pflegen als zu viele Haare ausreißen!

→ Bürste die **Mähnenhaare** glatt und setze den Mähnenkamm nur vorsichtig ein.
→ Verlese die **Schweifhaare** am besten mit der Hand.
→ Falls du eine Bürste benutzen willst, halte die Schweifhaare oberhalb mit einer Hand fest.

→ Mähnen-Schweifspray macht die Schweifhaare glatter und die Pflege einfacher. (Achtung: manche Pferde haben Angst vor dem zischenden Geräusch!)

Nimm eine weiche Bürste, um den empfindlichen **Pferdekopf** zu putzen.

Halte **zwei unterschiedliche Schwämme** bereit. Mit dem einen säuberst du Augenwinkel, Nüstern, Maulwinkel und Kinngrube. Mit dem anderen säuberst du den After und die Partien zwischen den Beinen, wo keine Haare wachsen. Nicht alle Pferde lassen sich da gerne berühren – probiere es behutsam aus.

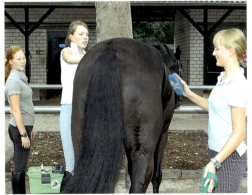

▲ Die Bürste kommt in die Hand, die zum Pferdekopf zeigt.

> **Merke dir ...**
> ✔ die Gründe für das Pferdeputzen,
> ✔ die korrekten Handgriffe,
> ✔ alle Sicherheitshinweise zur Pferdepflege.

4 Pferdepflege

Versorgen nach dem Reiten

Das tägliche Putzen vor dem Reiten ist eine Selbstverständlichkeit. Genauso selbstverständlich und gründlich sollten Pferde auch nach dem Reiten versorgt werden.

➡ Kontrolliere nach jedem Ritt die **Hufe** deines Pferdes und kratze sie gründlich aus.

➡ Lege einem verschwitzten Pferd bei kühlem, windigem Wetter eine schützende **Abschwitzdecke** auf.

Das Wälzen

Pferde habe ihre eigene Methode, ihr nasses Fell zu trocknen: Sie **wälzen** sich. In manchen Reitställen dürfen sich Pferde nach der Reitstunde regelmäßig in der Bahn wälzen. Allerdings leidet der gleichmäßige, ebene Boden darunter.

Wenn Pferde sich in der Box wälzen, **legen** sie sich manchmal **fest**. Das heißt, sie liegen so dicht an einer Boxenwand, dass sie ihre Beine nicht mehr nach vorne ausstrecken und so aufstehen können. Nicht aus eigener Kraft aufstehen zu können macht den Fluchttieren Angst. Sie versuchen oft panisch, wieder auf die Füße zu kommen. Dabei ist die Verletzungsgefahr groß.

➡ Ein festliegendes Pferd braucht Hilfe. Es muss in eine Lage gebracht werden, in der es die Vorderbeine wieder vor den Körper stemmen kann.

Verklebte Stellen

Überall da, wo Sattel und Zaumzeug direkt auf dem Fell aufliegen, **schwitzen** Pferde besonders: in der Sattel- und Gurtlage, hinter den Ohren, an der Nase und in der Kinngrube. Bei großer Anstrengung schwitzen sie auch an Hals und Brust, in den Flanken und zwischen den Hinterbeinen.

- **Leicht verklebtes** Fell lässt sich nach dem Trocknen mit einer nicht zu feinen Bürste glatt putzen.
- **Stark verklebtes** Fell wird am besten vor dem Trocknen feucht abgewaschen. Lauwarmes Wasser mögen die Pferde dabei am liebsten.
- **Verklebtes Fell** entsteht auch da, wo man es nicht auf den ersten Blick sieht, zum Beispiel unter dem Bauch oder in der Gurtlage.
- **Nasses Fell** kannst du mit einem Handtuch, notfalls auch mit Stroh trocken rubbeln.

Mit dem Wasserschlauch

Wenn es nicht zu kalt ist – Pferde sind dabei weit weniger empfindlich als wir Menschen – ist es sinnvoll, nach dem Reiten die Pferdebeine mit einem Wasserschlauch **abzuspritzen**. Nicht alle Pferde lassen sich das gern gefallen – manche haben Angst vor spritzendem Wasser oder dem Schlauch. Der sieht nämlich einer Schlange ähnlich. Davor haben unsere heutigen Pferde noch

▼ Halte am Waschplatz Schwämme und Schweißmesser bereit.

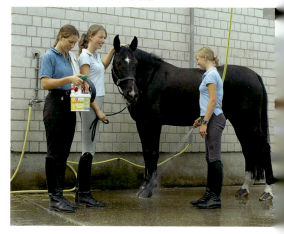

Versorgen nach dem Reiten 4

genauso viel Angst wie ihre Vorfahren in der Steppe.
→ Schleife oder rolle den Wasserschlauch nicht auf dem Boden direkt neben dem Pferd.
→ Vermeide es, die Pferdehufe direkt mit dem Schlauch zu berühren.

Abziehen mit dem Schweißmesser

Das Abspritzen mit dem Wasserschlauch ist nicht nur eine schnelle **Reinigung** für Beine und Hufe. Mit einem nicht zu starken Wasserstrahl entlang der empfindlichen **Sehnen** werden die Pferdebeine vorsorglich gekühlt.

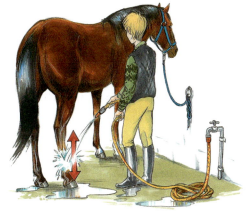

Spritze die Pferdebeine bis zur halben Höhe durch langsame Auf- und Abbewegungen.

Große Wäsche

An warmen Tagen kann man Pferde auch von Kopf bis Fuß abwaschen. Wenn du dabei mit dem **Wasserschlauch** arbeiten willst, musst du vorsichtig ausprobieren, ob dein Pferd sich das gefallen lässt. Arbeite dich von den Hinterhufen in Richtung Pferdekörper vor. Bedenke dabei: Kalte Güsse auf den Pferderücken, die Nierenpartie oder den Bauch sind keine Wohltat für ein Pferd!

Lieber werden die meisten Pferde mit dem **Schwamm** abgewaschen, am allerliebsten mit lauwarmem Wasser. Zur gründlichen Reinigung, auch für den **Schweif**, kannst du ein mildes Shampoo benutzen. Spüle es hinterher gründlich aus!

Als Alternative zum Abspritzen kannst du den Schweif auch in einen Eimer tauchen und das Wasser mehrfach wechseln.
→ Spritze einem Pferd nie mit dem Wasserschlauch ins Gesicht.
→ Streife die restliche Feuchtigkeit mit einem **Schweißmesser** aus dem Fell.
→ Um die empfindlichen **Fesselbeugen** vor einer Entzündung, der Mauke, zu schützen, kannst du sie mit einem Handtuch trocknen.

Ein nasses Pferd wird an der frischen Luft – möglichst in der Sonne – geführt, bis es trocken ist. Rechne damit, dass Pferde eigene Vorstellungen von der Fellpflege haben: Nach der großen Wäsche möchten sie sich am liebsten wälzen!

Merke dir ...
✔ Ein verschwitztes Pferd muss vor Kälte und Zugluft geschützt werden.
✔ Nach dem Reiten muss das Pferd versorgt werden – es soll nach dem Abtrocknen wieder sauber in der Box stehen.
✔ Gehe vorsichtig mit dem Wasserschlauch um.
✔ Pferde brauchen die Gelegenheit, sich regelmäßig zu wälzen.

4 Pferdepflege

Hufpflege und Schmied

Zu den wichtigsten Aufgaben bei der Pferdepflege gehört die regelmäßige, tägliche **Pflege der Hufe**.

Pferdehufe sind empfindliche Wunderwerke der Natur: Unter einem komplizierten Aufbau aus verschiedenartigen Hornschichten liegt die Huflederhaut geschützt. Sie wird von sehr vielen Blutadern und Nervenfasern durchzogen.

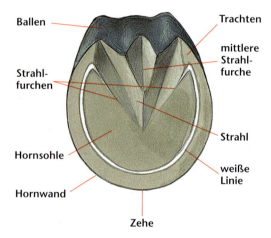

Ballen – Trachten – mittlere Strahlfurche – Strahlfurchen – Strahl – Hornsohle – weiße Linie – Hornwand – Zehe

Das Aufheben der Hufe
Pferde lernen schon als Fohlen, ihre Hufe auf Kommando vom Boden **aufzuheben**. Reiter müssen lernen, die Pferdehufe korrekt aufzuheben.

▶ So wird der Hinterhuf richtig aufgehoben.

Auf den Bildern kannst du sehen, wie es richtig gemacht wird.

➜ Halte die Hufe auf der rechten Seite des Pferdes mit der rechten Hand, auf der linken Seite mit der linken Hand.

Mit der Spitze des **Hufkratzers** kannst du festgetretenen Mist oder Belag aus der Reitbahn, manchmal sogar einen klemmenden Stein oder ein Ästchen aus dem Huf entfernen.

➜ Achte darauf, den empfindlichen **Strahl** nicht zu verletzen.

▲ Arbeite mit dem Hufkratzer von den Trachten in Richtung Zehen. Kratze nicht zu tief aus.

Abschließend werden die Hufe mit einer Bürste oder, wenn nötig, mit Wasser gesäubert.

So wird der Vorderhuf korrekt aufgehoben.

Hufpflege und Schmied 4

Hufe brauchen Feuchtigkeit, um elastisch zu bleiben. Daher ist **Wasser** das wichtigste Pflegemittel für die Hufe. Wenn die Hufe allerdings zu nass werden – bei längerem Kontakt nasser Einstreu oder matschigem Boden – können sie auch zu weich werden. Dann droht **Strahlfäule**. Du erkennst sie an schwarzer Verfärbung und schlechtem Geruch.

Um die Feuchtigkeit im Huf besser zu erhalten oder das Eindringen unerwünschter Nässe zu verhindern, kann man den Huf mit **Huffett** oder **Huföl** einpinseln. Dadurch wird Feuchtigkeit länger im Huf gespeichert und unerwünschte Nässe von außen kann schlechter eindringen.

→ Säubere die Hufe nicht nur beim Putzen, sondern auch nach dem Reiten oder wenn du ein Pferd von der Koppel oder aus dem Paddock holst.

Beim Schmied

Das **Horn** der Hufe wächst regelmäßig vom Kronenrand aus nach. Da die Pferde ihre Hufe in der Regel zu wenig, zu viel oder ungleichmäßig abnutzen, müssen die Hufe regelmäßig **ausgeschnitten** werden. Je nach Wachstum der Hufe muss der Schmied alle sechs bis neun Wochen kommen.

→ Läuft ein Pferd ohne Hufeisen, dann spricht man auch vom **Barfußlaufen**. Auch wenn der Schmied die Hufe mit einer Hauklinge und einem Hammer oder einem scharfen Hufmesser kürzt – das Ausschneiden tut den Pferden nicht weh.

Wenn sich die Hufe zu stark oder sehr einseitig ablaufen, müssen sie durch **Hufeisen** geschützt werden. Der Schmied wählt dazu ein Eisen in der passenden Größe, schmiedet es in die richtige Form und passt es dem Pferdehuf an. Dann nagelt er das Eisen am Huf fest. Die **Hufnägel** sitzen in der weißen Linie und durchstoßen von innen nach außen die Hufwand. Dort werden sie festgenietet.

Damit das Eisen sicher sitzt, benutzt der Schmied für jedes Eisen mindestens sechs, manchmal auch sieben Hufnägel. Manchmal geht ein Nagel verloren, dann kann das Eisen sich lockern.

→ Prüfe bei der Hufpflege nach, ob die Nägel noch richtig sitzen.

→ Wenn die Hufwand ausbricht oder der Huf über den Rand des Eisens hinauswächst, muss das Pferd möglichst bald zum Schmied.

Regelmäßiges Einfetten hilft, die Pferdehufe gesund zu halten.

▲ So passt der Schmied das heiße Eisen dem Huf an.

Merke dir ...
✔ wie Vorder- und Hinterhufe korrekt aufgehoben werden,
✔ wie ein Huf richtig gepflegt wird,
✔ wie oft der Schmied kommen muss.

5 Führen, Bodenarbeit und Verladen

Führen mit Strick und Halfter

▲ Führen sieht ganz selbstverständlich aus.

Führen am Halfter

Pferde werden mit großer Selbstverständlichkeit jeden Tag mit **Strick und Halfter** geführt: aus der Box zum Putzplatz, zum Paddock oder zur Koppel, zum Schmied oder zum Handgrasen. Dabei vergisst man leicht, dass selbst die kleinsten Ponys viel stärker sind als ein Erwachsener. Über das richtige Ansprechen der Pferde, das Aufhalftern und Anbinden kannst du auf Seite 34 nachlesen.

Dass Pferde sich willig von Menschen führen lassen, liegt zum einen daran, dass sie schon im Fohlenalter daran gewöhnt werden. Der andere, noch wichtigere Grund ist, dass Pferde uns Menschen als Chef akzeptieren.

In der Pferdeherde bestimmt das ranghöhere Pferd, wo das rangniedere hingehen darf. Es muss **zurückweichen**, **zur Seite treten** oder **folgen**. Genau dasselbe müssen wir von einem Pferd verlangen können.

➜ Wenn du **Chef** sein willst, musst du dem Pferd gegenüber auch so auftreten: ruhig und bestimmt.

Die Ausgangsposition

Die richtige **Position** beim Führen hängt von der Größe des Pferdes, deiner eigenen Größe und der Länge deiner Arme ab. Deine Ausgangsposition ist links neben oder etwas vor der Pferdeschulter. Fasse den Strick etwa 40 bis 50 Zentimeter unterhalb des Karabinerhakens an, sodass dein **Daumen** dabei **nach oben zeigt**. Das **Strickende** hältst du **geordnet** in der gegenüberliegenden Hand.

Halte beim Führen deinen Ellbogen immer leicht gebeugt: So kannst du deinen Arm schneller bewegen und das Pferd mit dem Ellbogen von dir wegschieben, wenn es zu dir drängelt.

➜ Behalte das Gesicht und das Ohrenspiel des Pferdes im Blick!

➜ **Wickele** dir **nie** den Führstrick um die Hand oder einzelne Finger!

Begegnung mit anderen Pferden

Wenn du beim Führen anderen **Pferden begegnest**, musst du damit rechnen, dass beide Tiere miteinander Kontakt aufnehmen wollen. Du darfst auf keinen Fall zulassen, dass die Pferde sich gegenseitig berühren und beschnuppern. Nicht alle Pferde verstehen sich auf Anhieb! Wenn dann ein Pferd das andere abwehrt – zum Beispiel durch Ausschlagen mit dem Vorderhuf –, könntest auch du getroffen werden.

■ Halte beim Begegnen einen möglichst großen **Sicherheitsabstand** ein.
■ Verzichte in einer engen Stallgasse auf das Vorbeiführen an einem anderen Pferd.
■ Begegne einem anderen Pferd möglichst **von vorn**.

Führen mit Strick und Halfter 5

- Ein angebundenes Pferd muss, wenn nötig, **zur Seite treten**, damit genügend Abstand zwischen beiden Pferden vorhanden ist.
- Bei einem von rechts und links angebundenen Pferd muss die Anbindevorrichtung auf einer Seite gelöst werden, damit das Pferd ausweichen kann.

▶ Ein gut erzogenes Pferd weicht auf leichte Berührung zur Seite.

→ Diese Regel gilt ganz besonders, wenn du ein Pferd zum **Freilaufen** in die Halle bringst.

Handgrasen

Nur gut erzogene, gehorsame Pferde kann man gefahrlos **an der Hand grasen** lassen. Sie dürfen nicht vergessen, dass sie immer noch geführt werden! Auch hier muss man den Sicherheitsabstand zwischen den Pferden beachten. Nebeneinander grasen dürfen nur befreundete Pferde.

▲ Hier verstehen sich Pferde und Reiter.

Entlassen in die Box oder auf die Weide

Wenn du ein Pferd nach der Arbeit wieder in die Box, in einen Paddock oder auf die Koppel **entlässt**, musst du besonders aufpassen. **Wende** das Pferd immer erst **in Richtung Tür** oder Tor, bevor du den Strick löst oder das Halfter abnimmst. So kannst du bei einem Freudenhüpfer nicht getroffen werden.

▲ Erst umdrehen, dann Tor schließen, zuletzt das Pferd freilassen.

Merke dir ...
✔ Die korrekte Position beim Führen ist etwas vor der Pferdeschulter.
✔ Der Führstrick wird mit Daumen nach oben angefasst und niemals um die Hand gewickelt.
✔ Bei der Begegnung mit anderen Pferden muss ein Sicherheitsabstand eingehalten werden.
✔ Beim Entlassen in Box, Weide, Paddock oder Reithalle wird das Pferd mit dem Kopf Richtung Tür gewendet.

5 Führen, Bodenarbeit und Verladen

Bodenarbeit

Führen üben – die richtige Ausrüstung
Um das Führen zu üben, wird das Pferd zunächst mit einem gut sitzenden Halfter und einem **Führstrick** mit **Karabinerhaken** – nicht mit einem Panikhaken – ausgerüstet. Du selbst brauchst feste Schuhe, solltest Handschuhe tragen und bei Bedarf eine Gerte mitführen.

◀ Gut ausgerüstet mit Führstrick und Handschuhen

Bodenarbeit
Unter **Bodenarbeit** versteht man Übungen mit dem Pferd zu Fuß. Dabei sollen Pferd und Führender gemeinsam eine gute Verständigung vom Boden aus lernen. Das Pferd soll sich dabei willig in die geforderte **Richtung** bewegen und sich in **Gangart** und **Tempo** kontrollieren lassen. Dabei werden die Anforderungen – wie beim Reiten – systematisch gesteigert.

Übungen in der Bodenarbeit:
- Führen im Schritt von Punkt zu Punkt – dabei **von links und von rechts** führen
- **Wenden** des Pferdes vom eigenen Körper weg – wenn von links geführt wird, nach rechts und umgekehrt
- Im Schritt das **Tempo** des Pferdes beeinflussen
- Führen **im Trab** von Punkt zu Punkt
- Führen über am Boden liegende **Stangen**.
- Führen durch einen Führparcours mit Bodenhindernissen, wie zum Beispiel einem **Slalom** aus Kegeln
- **Rückwärtsrichten**
- Führen von **Hufschlagfiguren**

Die Hilfen in der Bodenarbeit
Die wichtigsten Hilfen sind deine Führposition und Körperhaltung. Das Pferd soll lernen, sich deinem **Schritt anzupassen**. Es soll sich freiwillig mit dir bewegen – dann kann der Führstrick sogar ganz leicht durchhängen.

Mit der **Stimme** kannst du das Pferd ermuntern oder beruhigen.
➡ Ziehe auf gar keinen Fall dauernd am Strick!

Wenn ein Pferd nicht auf diese Signale reagiert, dann kannst du eine **Gerte** einsetzen. Du nimmst sie in die Hand, mit der du nicht führst. Die Gerte wird etwa dort eingesetzt, wo dein Schenkel liegt – dazu musst du dich leicht nach links umdrehen.
➡ Den Gerteneinsatz beim Führen musst du gut üben!

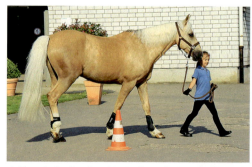

▲ Eine Aufgabe aus der Bodenarbeit: Wenden um einen Führkegel

Bodenarbeit 5

Führen von beiden Seiten

Die meisten Pferde sind von klein auf gewöhnt, **von links** geführt zu werden. Das hat sich so eingebürgert, weil die meisten Menschen Rechtshänder sind und so ihre rechte Hand besser gebrauchen können. Trotzdem ist es wichtig, das Führen **von beiden Seiten** zu üben, also auch auf der rechten Pferdeseite mit der linken Hand. **Wende** das Pferd beim Führen jeweils **von dir weg**, dann tritt es dir in der Wendung bestimmt nicht auf deine Füße. Wenn du von links führst, wende nach rechts und umgekehrt. Weil du dann einen etwas weiteren Weg hast als das Pferd, musst du größere Schritte machen.

▲ Führen von links

▲ Das Pferd soll sich auch im Trab deinen Schritten anpassen und willig durchparieren.

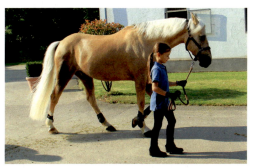
▲ Führen von rechts

▲ Leichter Druck mit der Hand am Buggelenk signalisiert dem Pferd: Es geht rückwärts.

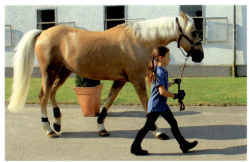
▲ Energische Schritte sagen dem Pferd: Geh vorwärts!

Merke dir ...
✔ Das Pferd wird mit Halfter und Führstrick ausgerüstet.
✔ Der Führende braucht feste Schuhe, sollte empfehlenswerterweise Handschuhe tragen und bei Bedarf eine Gerte mit sich führen.
✔ Die Körpersprache des Führenden ist das wichtigste Mittel zur Verständigung mit dem Pferd.

Führen auf Trense, Verladen

Führen auf Trense

Zum Führen mit der Trense werden die **Zügel über den Kopf** des Pferdes nach unten genommen. Es gelten die gleichen Hinweise und Hilfen wie beim Führen mit Strick und Halfter. Bedenke dabei immer, dass du feinfühlig auf das Pferdemaul einwirkst.

→ Du musst die Beine und damit auch den Körper des Pferdes in eine bestimmte Richtung lenken – nicht seinen Kopf!

Wenn das Pferd zu eilig wird, kannst du es mit einem Handzeichen **bremsen**: Führe die freie linke Hand **vor das linke Pferdeauge**. Wenn die Sicht des Pferdes plötzlich eingeschränkt ist, wird es von selbst langsamer.

Beine sehen. Bei der Aufstellung steht der Führende dem Pferd gegenüber.

Auf dem Führdreieck wird vom Betrachter weg **Schritt** geführt, nach dem Wenden **getrabt** und vor der nächsten Wendung wieder zum **Schritt** durchpariert. Zum Abschluss wird das Pferd noch einmal so aufgestellt, dass der Betrachter es von der anderen Seite aus beurteilen kann. Dazu wird zunächst am Betrachter vorbeigeführt nach rechts gewendet und vorm Betrachter gehalten.

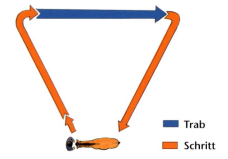

■ Trab
■ Schritt

Verladen

Jedes Pferd muss lernen, sich verladen zu lassen. Nur im **Anhänger** oder **Transporter** können Pferde heutzutage aufs Turnier, in die Tierklinik, in den Urlaubsort oder in einen neuen Stall gebracht werden.

→ Beim Verladen sollte immer ein kundiger Erwachsener die Verantwortung übernehmen.

Der Fahrer ist für die **Verkehrssicherheit** von Auto und Anhänger verantwortlich. Vor jeder Fahrt muss geprüft werden, ob alle Leuchten des Anhängers funktionieren.

→ Dabei kannst du helfen!

▲ Zwei Finger der rechten Hand liegen zwischen den Zügeln.
▲ Beim Halten werden die Zügel geteilt.

Führen auf der Dreiecksbahn

Wenn Pferde offiziell zur Beurteilung vorgeführt werden, ist das Führen auf einer **Dreiecksbahn** üblich. Dazu wird das Pferd erst parallel zum Betrachter hin offen aufgestellt. Das Vorderbein auf dieser Seite steht etwas vor dem gegenüberliegenden Bein, das Hinterbein dahinter. So kann man von einer Seite aus gleichzeitig alle vier

Vorbereitung des Pferdes

Bei einer Fahrt im Anhänger und beim Ein- und Ausladen besteht erhöhte Verletzungsgefahr für das Pferd. Daher ist es sinnvoll,

die Beine durch Bandagen mit Unterlagen oder speziellen Transportgamaschen zu schützen. Je nach Außentemperatur wird dem Pferd für den Transport eine Decke aufgelegt.
→ Trage selbst feste Schuhe und Handschuhe.
→ Denke daran, den Equidenpass einzupacken. Er muss auf jeder Fahrt mitgeführt werden.

Ein- und Ausladen

Ein Pferd, das sich sicher verladen lässt, kannst du in gerader Linie flüssig auf die Rampe führen. In das Fahrzeug gehst du selbst vor dem Pferd und kriechst dann schnell unter der vorderen Begrenzungsstange durch. Ein Helfer sollte seitlich an der Rampe stehen und sicherstellen, dass das Pferd nicht ausweicht. Danach schließt er die hintere Begrenzungsstange. Erst dann kannst du das Pferd anbinden.

Beim Ausladen wird umgekehrt vorgegangen: Erst das Pferd losbinden, dann die hintere Begrenzungsstange öffnen. Mit einer Hand auf der Kruppe kann der Helfer vermeiden, dass das Pferd rückwärts zur Seite tritt und von der Rampe fällt.

▲ Vor dem Pferd in den Anhänger steigen, seitlich sichern!

Probleme beim Verladen

Manche Pferde wehren sich regelrecht dagegen, verladen zu werden. Das kann für alle Helfer gefährlich werden. Entscheidend ist es, dass alle Beteiligten die Ruhe bewahren und ein fachkundiger Erwachsener das Kommando übernimmt.

Folgende Techniken können einem Pferd das Einsteigen in den Anhänger schmackhaft machen:

■ Erst ein sicheres Führpferd einladen, dann das ängstliche Pferd dazustellen.
■ Den Anhänger entlang einer seitlichen Begrenzung parken.
■ Einen Eimer mit Lieblingsfutter bereitstellen, um das Pferd zu locken.
■ Die Trennwand zunächst schräg stellen.
→ Richte dich ganz genau nach den Anweisungen des Verantwortlichen.

▲ Die Hand auf der Kruppe sagt dem Pferd: langsam und gerade zurück!

Merke dir ...
✔ ... die Hinweise für sicheres Führen auf Trense,
✔ ... die Regeln für das Führen auf der Dreiecksbahn.
✔ Pferde werden für das Verladen mit Schutz für die Beine und je nach Außentemperatur mit einer Decke ausgerüstet.
✔ Helfer tragen feste Schuhe und Handschuhe.
✔ Beim Einladen wird erst die hintere Begrenzungsstange geschlossen und dann das Pferd angebunden.
✔ Beim Ausladen wird das Pferd erst losgebunden und dann die hintere Begrenzungsstange geöffnet.

6 *Ausrüstung von Pferd und Reiter*

Die Ausrüstung des Reiters

Im Reitsporthandel gibt es jede Menge Ausrüstung für den Reiter zu kaufen. Farben und Formen der Reithosen und Oberteile verändern sich mit der Mode. Natürlich soll deine **Reitbekleidung** dir gefallen. Aber auf jeden Fall muss sie **bequem**, **zweckmäßig** und **sicher** sein.

Nie ohne Helm!

Dein wichtigstes Kleidungsstück beim Reiten ist der **Sicherheits-Reithelm**. In den allermeisten Vereinen und Betrieben besteht grundsätzlich Helmpflicht, das heißt, jeder Reiter muss im Unterricht einen Helm tragen.

Vorgeschrieben ist der Helm auch auf Turnieren – für alle Teilnehmer an Springprüfungen und an Prüfungen speziell für Jugendliche unter 18 Jahren. Auch in den Einstiegsabzeichen ist das **Tragen eines Reithelms** in allen praktischen Teilprüfungen im Reiten vorgeschrieben.

Ein sicherer Reithelm

- hat eine Drei- oder Vierpunktbefestigung,
- passt dir genau,
- ist so eingestellt, dass er fest sitzt, ohne zu drücken,
- hat möglichst ein Prüfzeichen der Europäischen Norm (EN) Nummer 1384.

◀ Dein Reithelm – wichtigster Teil der Reitausrüstung

Tipp
Wähle einen gut belüfteten Helm aus, damit du möglichst wenig darunter schwitzt.

Die Reithose

Deine **Reithose** soll dir gut passen. Sie darf vor allem an den Knien und im Schritt keine Falten schlagen, damit sie nicht scheuert. Reithosen unterscheiden sich nicht nur in der Farbe und im Material, sondern auch in der grundsätzlichen Form.

Die gängigsten Reithosen sind sogenannte **Stiefelhosen**, die mit langen Stiefeln kombiniert werden. Es gibt aber auch sogenannte **Jodhpurhosen**, die bis unter den Knöchel reichen. Als Ergänzung dazu reichen kurze Stiefeletten.

▲ In deiner Reitkleidung musst du dich auch zu Fuß gut bewegen können!

Die Fußbekleidung

Kniehohe **Stiefel** gibt es aus Leder oder Kunststoff. Lederstiefel sind komfortabler, aber auch sehr viel teurer. Eine gute Alternative bietet die Kombination von kurzen **Stiefeletten** mit sogenannten kniehohen **Chaps**. Zur Sicherheit muss deine Fußbekleidung

- einen **Absatz** haben,
- bis über die **Knöchel** reichen.

Stiefeletten und Chaps

Die Ausrüstung des Reiters

Beim Reiten in Halb- oder Turnschuhen können die Steigbügel schnell an deinen empfindlichen Knöcheln anschlagen. Schuhe ohne Absätze rutschen ganz leicht zu weit in den Steigbügel. Im Fall eines Sturzes bleibt der Fuß eher im Steigbügel hängen.

Oberteile zum Reiten

Trage zum Reiten **anliegende Oberteile**, damit dein Ausbilder erkennen kann, wie du auf dem Pferd sitzt. Shirts, Westen und Jacken dürfen nicht so lang sein, dass sie dich beim Sitzen stören. Bewährt hat sich beim Reiten wie bei jedem Sport das Schichten-Prinzip der Kleidung. Spezielle funktionale Sportkleidung lässt Luft an die Haut kommen und transportiert Feuchtigkeit an die Oberfläche. Darin schwitzt du weniger und die Kleidungsstücke halten dich besser trocken und warm.

Eine **Schutzweste** kann die Verletzungsgefahr bei einem Sturz mildern. Das ist insbesondere beim Springen sinnvoll.

- In allen praktischen Teilprüfungen der Einstiegs-Reitabzeichen ist das Tragen einer Schutzweste erlaubt. Sie sollte möglichst der Europäischen Norm EN 13158, Level 3, entsprechen.
- In den praktischen Teilprüfungen im Geländereiten muss eine Schutzweste getragen werden, wenn über feste Hindernisse geritten wird.

◀ Schutzweste

Sicherheit vor Schönheit

Offene lange Haare können sehr hübsch aussehen – beim Reiten stören sie. Dasselbe gilt für auffallenden Schmuck und Piercings.

- ➡ **Binde** längere **Haare zusammen**, sodass sie dir nicht ins Gesicht fliegen können.
- ➡ Lege Armreifen, lange Ketten und Fingerringe ab.
- ➡ Putze und führe dein Pferd nur mit **festen, geschlossenen Schuhen**.
- ➡ Gewöhne dich daran, beim Reiten und Führen **Handschuhe** zu tragen. Damit kannst du Zügel oder Strick besser greifen.

Turnierkleidung

Bei Prüfungen auf Turnieren, die nach der LPO (Leistungs-Prüfungs-Ordnung) ausgeschrieben sind, gibt es besondere **Vorschriften für die Bekleidung**: helle Stiefelhosen und Stiefel (oder Stiefeletten mit passenden Chaps), weiße oder pastellfarbene Blusen oder Hemden mit kleinem Stehkragen (oder ein weißes Halstuch, das Plastron, für Herren auch ein weißer Schlips). Dazu gehört ein Jackett in Schwarz oder einer gedeckten Farbe.

- ➡ In den praktischen Prüfungen für alle Einstiegsabzeichen ist **zweckmäßige, sichere Reitbekleidung** vorgeschrieben. Spezielle Turnierkleidung brauchst du nicht.

Merke dir ...
- ✔ Reitbekleidung soll zweckmäßig und sicher sein.
- ✔ Wichtigster Bestandteil der Ausrüstung ist ein Sicherheits-Reithelm.
- ✔ Schuhe zum Reiten müssen bis über die Knöchel reichen und einen Absatz haben.

6 Ausrüstung von Pferd und Reiter

Ein passender Sattel

Unterschiedliche Sättel
Der Sattel überträgt das Gewicht des Reiters auf den Pferderücken. Deswegen ist es wichtig, dass er sowohl für das Pferd als auch für den Reiter die richtige Passform hat. Um zu überprüfen, ob ein Sattel für Pferd und Reiter ganz genau passt, ist fachmännische Beratung nötig.
Sättel gibt es für unterschiedliche Verwendungszwecke. Der Vielseitigkeitssattel ist sozusagen ein Kompromiss zwischen einem reinen Dressursattel (mit langem, fast geradem Sattelblatt) und einem speziellen Springsattel (mit kurzem, nach vorne ausgerundetem Sattelblatt).

Außerdem unterscheiden sich Sättel in der Passform für das Pferd. Die Kammerweite muss zur Größe und Form des Widerristes passen.

Anzeichen für einen Sattel, der dem Pferd passt und richtig aufliegt:
- Der Sattel liegt sicher, ohne nach vorne oder hinten zu rutschen oder zu wippen.
- Zwischen Gurt und Ellbogen des Pferdes ist eine Handbreit Platz.
- Wenn der Reiter im Sattel sitzt, passen mindestens zwei Finger eines Erwachsenen zwischen Widerrist und Kammer.
- Der tiefste Punkt der Sitzfläche liegt genau in der Mitte.

▲ Reiten am Gurt ist im RA 10 erlaubt.

Springsattel

Vielseitigkeitssattel

Dressursattel

Ein passender Sattel 6

- Kammer
- Sattelkranz
- Polsterung
- Sitzfläche
- Steigbügel
- Sattelblatt
- Steigbügelriemen
- Schabracke

Passform für den Reiter

Das wichtigste Unterscheidungsmerkmal in der Passform für den Reiter sind die Größe der **Sitzfläche** und die Form und Lage des **Sattelblattes**. Ein zu klein gewählter Sattel oder zu steile oder zu kurze Sattelblätter behindern den korrekten Sitz und die Einwirkung.

Anzeichen für einen Sattel, der dem Reiter passt:

- Die Sitzfläche engt den Reiter nicht ein, er kann sich bewegen.
- Die Sitzfläche ist nicht so groß, dass der Reiter darin herumrutscht.
- Die Knie finden bequem Platz auf dem Sattelblatt.
- Die obere Kante der Stiefel oder Chaps liegt deutlich über dem unteren Rand des Sattelblattes.

Zubehör zum Sattel

Um einen Sattel benutzen zu können, braucht man weiteres Zubehör: **Steigbügel** mit **Steigbügelriemen**, einen **Sattelgurt** und eine **Unterlage** zwischen Sattel und Pferd.

Diese Unterlagen können verschiedene Formen haben – **Unterdecken** haben den gleichen Umriss wie ein Sattel, **Schabracken** haben einen viereckigen Grundschnitt. Es gibt sie in allen möglichen Farben.

Sattelgurte können aus ganz unterschiedlichem Material bestehen: Leder, Schnur, Stoff oder Kunststoff. Beim normalen Sattelgurt liegen die Schnallen des Gurtes unter den Sattelblättern. Es gibt auch Sättel mit extra langen Gurtstrupfen. Dazu passen Kurzgurte. Manche Gurte haben elastische Einsätze auf einer oder beiden Seite/n.

➡ Ein kleines **Halteriemchen** vorne am Sattel kann auch dir ein bisschen Halt geben.

Merke dir ...
- ✔ die Bestandteile des Sattels,
- ✔ die wichtigsten Merkmale für einen passenden Sattel.

6 Ausrüstung von Pferd und Reiter

Satteln, Gamaschen, Lederpflege

Richtig satteln

Gesattelt wird von links. Die **Bügel** sind dabei korrekt hochgeschoben und der **Gurt** liegt über der Sitzfläche des Sattels. Es ist wichtig, das Pferd mit dem Sattel nicht zu überraschen.

Die Bilder unten zeigen dir die korrekten Handgriffe für das Auf- und Absatteln.
→ Ziehe die **Unterlage** (Satteldecke oder Schabracke) nach dem Auflegen des Sattels hoch in die **Kammer**, damit sie nicht auf den Widerrist drückt.
→ Prüfe vor dem Angurten, dass die Unterlage noch richtig sitzt.
→ Schließe den Gurt vorsichtig und gurte erst vor dem Aufsitzen fest an.

◀ So trägst du dein Sattelzeug richtig.

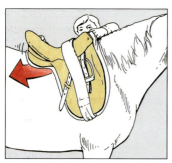
Lass den Sattel von vorne nach hinten auf den Pferderücken gleiten.

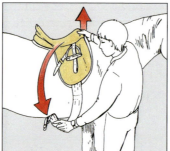
Gehe auf die rechte Seite und nimm vorsichtig den Gurt herunter.

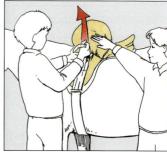
Gurte den Sattel auf der linken Seite des Pferdes fest.

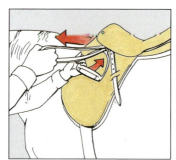
Schiebe den Steigbügel nach dem Absitzen am unteren Teil des Bügelriemens nach oben.

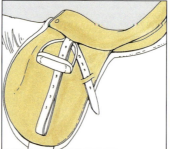
So ist der Steigbügel gut gesichert und kann nirgendwo hängen bleiben.

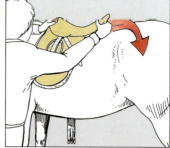
Schiebe zum Absatteln den Sattel seitlich nach hinten vom Pferderücken.

Satteln, Gamaschen, Lederpflege 6

Schutz für die Pferdebeine

Zum **Schutz** der empfindlichen Pferdebeine können **Gamaschen**, kurze **Streichkappen** für die Hinterbeine oder **Bandagen** angebracht werden.

- Gamaschen und Streichkappen werden **von vorne nach hinten** zugezogen, die Verschlüsse liegen außen.
- **Bandagen** werden in gleichmäßigen, überlappenden Runden erst von oben nach unten und dann wieder nach oben gewickelt.
- Auf der linken Seite des Pferdes wird linksherum, auf der rechten Seite rechtsherum bandagiert.

► Gamaschen werden von vorne nach hinten geschlossen.

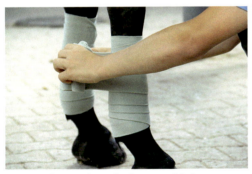

▲ Am rechten Bein rechtsherum wickeln.

▲ Beide Hände müssen zusammenarbeiten.

Lederpflege

Alle **Ausrüstungsgegenstände** des Pferdes müssen regelmäßig **gesäubert** werden. **Leder** braucht besondere Pflege. Am wichtigsten ist die Reinigung; je nach Zustand des Leders muss es in größeren Abständen eingefettet werden.

Leder leidet unter Sand, Staub, Feuchtigkeit und Schweiß. Es verträgt weder viel Nässe noch große Hitze. Es darf nicht in der prallen Sonne oder direkt in Heizungsnähe getrocknet werden.

➡ Zum **Reinigen** des Leders brauchst du einen Schwamm, Lappen und Sattelseife.
➡ Zum **Einfetten** brauchst du entweder Lederöl und einen Pinsel oder Lederfett und einen Lappen.

Am wichtigsten ist die **Reinigung** des Lederzeugs von verklebtem Dreck und Schweiß direkt nach dem Reiten. Säubere verschmutzte Stellen zunächst mit **Wasser** und dann mit **Sattelseife**. Achte darauf, die Seife nicht mit zu viel Wasser in Berührung zu bringen. Wische die Reste der Sattelseife gründlich mit einem Lappen ab.

Wenn das Leder getrocknet ist, kannst du es vorsichtig mit **Lederfett** oder **Lederöl** einfetten.

➡ Die Unterseite des Sattels darfst du nicht einölen!

> **Merke dir ...**
> ✔ die korrekten Handgriffe für das Satteln.
> ✔ wie Gamaschen und Bandagen angelegt werden.
> ✔ wie Leder gepflegt wird.

6 Ausrüstung von Pferd und Reiter

Auf- und Abtrensen

Die Trense

Ein wichtiger Bestandteil der Reitausrüstung ist die Trense. Zum Kopfstück aus Leder gehört ein **Gebiss** – in der Regel aus Metall, manchmal auch aus Kunststoff oder Gummi, an dem die **Zügel** befestigt sind.

In eine vollständige Trense wird zusätzlich ein **Reithalfter** eingeschnallt. Die beiden am meisten verwendeten Reithalfter sind das **kombinierte Reithalfter** und das **hannoversche Reithalfter**. Das **englische Reithalfter** sieht wie ein kombiniertes Reithalfter ohne den unteren Sperrriemen aus.

Trense mit kombiniertem Reithalfter — Reithalfter, Stirnriemen, Genickstück, Backenstück, Kehlriemen, Nasenriemen, Kinnriemen oder Sperrriemen, Gebiss, Zügel

Trense mit Hannoverschem Reithalfter — Nasenriemen, Kinnriemen

Auf- und Abtrensen

Mit dem **Zügel** kannst du beim Auf- und Abtrensen das Pferd sichern. Lege ihn vor dem Auftrensen über den Pferdekopf hinter die Ohren und lass ihn beim Abtrensen dort liegen, bis du das Halfter wieder angelegt hast.

Auf den Bildern kannst du sehen, wie **aufgetrenst** wird. Anschließend werden die Schnallen von Kehl-, Nasen- und Kinnriemen geschlossen. Prüfe, ob der **Nasenriemen** des kombinierten Reithalfters korrekt seitlich **unter den Backenstücken** der Trense verläuft.

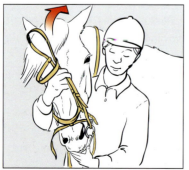

Lege das Gebiss auf Daumen und Zeigefinger der linken Hand und schiebe es dem Pferd ins Maul.

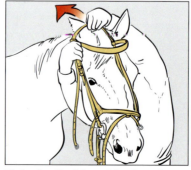

Ziehe das Genickstück hoch und streife es vorsichtig zuerst über das rechte (äußere) Ohr.

Prüfe, ob die Trense richtig in der Mitte sitzt und schließe die offenen Schnallen.

Auf- und Abtrensen 6

▲ Die offen Riemen der Trense werden von oben nach unten geschlossen.

Richtiges **Auf- und Abtrensen** will gelernt sein:

- Achte vor dem Zuschnallen darauf, dass die Mähnenhaare glatt unter dem Genickstück liegen. Ziehe den Schopf nach außen über den Stirnriemen.
- Schließe den Kinnriemen als Letztes und öffne ihn zum Abtrensen als Erstes.
- Prüfe die korrekte Länge von Kehlriemen, Nasen- und Sperrriemen oder Kinnriemen.
- Vermeide beim Abtrensen das Gebiss gegen die Zähne des Pferdes zu schlagen.

➜ **Wasche** das **Trensengebiss** nach jedem Ritt ab.

➜ Der Nasenriemen hat die richtige Länge, wenn zwischen Nasenriemen und Pferdenase **zwei Finger** eines Erwachsenen geschoben werden können.

➜ Zwischen Kehlriemen und Kehle soll eine **aufgestellte Faust** passen.

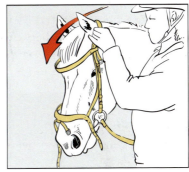

Öffne vor dem Abtrensen alle Riemen von unten nach oben: Kinnriemen, Nasenriemen, Kehlriemen. Schiebe die Trense vorsichtig über die Ohren.

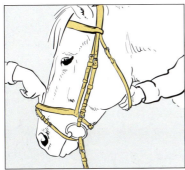

Prüfe, ob der Kehlriemen und der Nasenriemen in der richtigen Länge verschnallt sind.

Merke dir ...
✔ die korrekten Handgriffe für das Auf- und Abtrensen,
✔ wie das englische oder das hannoversche Reithalfter richtig zugeschnallt wird,
✔ wie du die korrekte Länge von Kehlriemen und Nasenriemen prüfen kannst.

6 Ausrüstung von Pferd und Reiter

Erlaubte Hilfszügel

Hilfszügel sollen die Zügelführung des Reiters unterstützen. Besonders am Anfang der Reitausbildung gelingt es den Reitern meist noch nicht, eine gleichmäßige, weiche Verbindung zum Pferdemaul zu halten. Hier können zusätzlich eingeschnallte Hilfszügel helfen, Missverständnissen zwischen Reiter und Pferd vorzubeugen.

Bei den Teilprüfungen im praktischen Reiten der Einstiegsabzeichen sind einige Hilfszügel ausdrücklich **erlaubt**. Alle übrigen, nicht erwähnten Hilfszügel sind verboten.

→ Bei der Wahl des **passenden Hilfszügels** berät dich dein Ausbilder (deine Ausbilderin).

→ Trainiere für die Prüfung nur mit der **erlaubten Ausrüstung**!

hilfen zu entziehen. Ein richtig verschnalltes Martingal hängt durch und wirkt nicht ein, wenn das Pferd korrekt an den Hilfen steht. Beachte die Hinweise zum **korrekten Einschnallen** des Martingals:

- Halte die Ringe des Martingals nach oben, wenn du die Zügel durchschiebst.
- Auf den Zügeln müssen **Martingalschieber** vorhanden sein, die verhindern, dass die Ringe des Martingals sich in den Schnallen des Zügels verhaken. Sie sind nur dann entbehrlich, wenn die Zügel mit Karabinerhaken oder Schlaufen am Gebiss befestigt sind.
- Ein **Martingalstopper** vor der Brust des Pferdes verhindert, dass der zum Gurt verlaufende Riemen des Martingals nach unten durchhängt und das Pferd hineintreten kann.

▲ Dreieckszügel unterstützen die Zügelführung.

Das Martingal

Immer – das heißt in allen gerittenen Teilprüfungen der Einstiegsabzeichen – erlaubt ist das **Martingal**. Die Bilder zeigen dir, wie es aussieht und wie es richtig eingeschnallt wird. Das Martingal soll nur dann zum Einsatz kommen, wenn ein Pferd den Kopf hochnimmt und versucht, sich den Reiter-

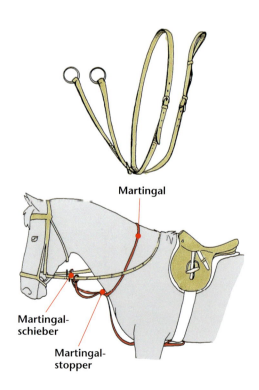

Martingal

Martingal-schieber

Martingal-stopper

Erlaubte Hilfszügel 6

▲ Für das Springen ausgerüstet mit Martingal

Ausbindezügel sind in allen Einstiegsabzeichen in den Teilprüfungen im dressurmäßigen Reiten erlaubt. Sie dürfen allerdings nicht aus elastischem Material (Gummi) bestehen. Nur in die seitlichen Ausbindezügel dürfen kleine Gummiringe eingenäht sein.

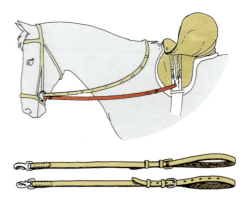

Ausbindezügel

Ausbindezügel

Es gibt verschiedene Arten von **Ausbindezügeln**. Sie begrenzen die Reichweite der Bewegungen von Kopf und Hals des Pferdes. So hat es der Reiter leichter, eine konstante Verbindung zwischen Reiterhand und Pferdemaul zu erlernen. Die unterschiedlichen Ausbindezügel haben Vor- und Nachteile; die Auswahl sollte immer der Ausbilder treffen. Der Einsatz von Ausbindezügeln hat am Ende das Ziel, sie überflüssig zu machen!

→ **Seitliche Ausbindezügel** werden unterhalb der Zügel in die Gebissringe eingehakt.

→ **Dreieckszügel** oder seitlich angebrachte **Laufferzügel** werden unterhalb der Zügel von innen nach außen durch die Gebissringe geschoben.

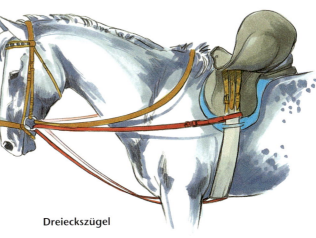

Dreieckszügel

> **Merke dir ...**
> ✔ Das Martingal ist in allen praktischen Teilprüfungen erlaubt.
> ✔ Seitliche Ausbindezügel und Dreiecks- oder Laufferzügel sind in allen Teilprüfungen im dressurmäßigen Reiten erlaubt.

7 Reitlehre und Reiten lernen

Hufschlagfiguren und Bahnordnung

Das Dressurviereck

Ein **Dressurviereck**, in dem Dressuraufgaben geritten werden, besteht aus einem länglichen Rechteck. Die langen Seiten sind 40 Meter lang, die kurzen Seiten 20 Meter. Viele Reithallen und Reitplätze haben genau dieses Maß. Das sogenannte **große Viereck**, auf dem anspruchsvolle Dressuraufgaben im Spitzensport geritten werden, ist 60 Meter lang und 20 Meter breit.

Im Viereck bewegen sich Pferde und Reiter auf vorgeschriebenen Linien, den **Hufschlagfiguren**. Rund um das Viereck sind Buchstaben, die sogenannten **Bahnpunkte**, angebracht. Nach diesen Punkten musst du dich richten, wenn du Bahnfiguren korrekt ausführen willst.

Damit man sich die Bahnpunkte besser einprägen kann, hat sich jemand einen **Merkspruch** ausgedacht. Er enthält allerdings einen Schreibfehler – Kälber wird dabei mit **C** geschrieben.

→ Präge dir trotzdem ein: **A**lte **K**ühe **E**ssen **H**eu, **C**älber **M**ögen **B**esseres **F**utter.

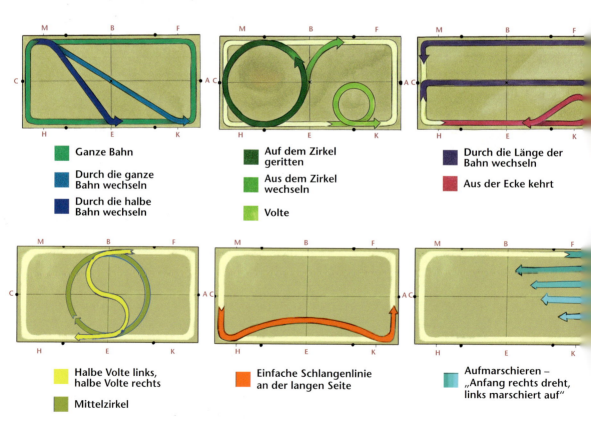

Ganze Bahn
Durch die ganze Bahn wechseln
Durch die halbe Bahn wechseln

Auf dem Zirkel geritten
Aus dem Zirkel wechseln
Volte

Durch die Länge der Bahn wechseln
Aus der Ecke kehrt

Halbe Volte links, halbe Volte rechts
Mittelzirkel

Einfache Schlangenlinie an der langen Seite

Aufmarschieren – „Anfang rechts dreht, links marschiert auf"

Hufschlagfiguren und Bahnordnung

Hufschlagfiguren

Ein Hufschlag entsteht dort, wo die Pferdehufe Spuren in der Reitbahn hinterlassen. Der **erste Hufschlag** führt auf der ganzen Bahn außen am Rand des Vierecks oder an der Bande der Reithalle entlang. Der **zweite** oder **dritte Hufschlag** ist jeweils um die Breite eines Pferdes nach innen verlagert. Suche den **Punkt X** auf den links abgebildeten Vierecken. Er ist zwar nur ein unsichtbarer, gedachter Punkt, aber er ist besonders wichtig. Er liegt genau in der Mitte der Reitbahn – hier kreuzen sich viele der vorgeschriebenen Linien, der Hufschlagfiguren.

Der kreisrunde **Zirkel** ist neben der **ganzen Bahn** die wichtigste Hufschlagfigur.

▲ Auf dem Zirkel unterwegs

Verkehrsregeln in der Reitbahn

Benutzen mehrere Reiter gleichzeitig eine Reithalle, dann müssen sich alle an feste **Regeln** halten. Niemand darf durch sein eigenes Verhalten einen anderen Reiter in Gefahr bringen.

Die folgende **Bahnordnung** gilt grundsätzlich in allen Reitanlagen:

- Beim Betreten einer Reithalle oder eines Vierecks ruft der ankommende Reiter „Tür frei!" und wartet die Antwort „Ist frei!" ab.
- Auf- und abgesessen wird möglichst in der Mitte des Zirkels.
- Jeder Reiter hält beim Begegnen und Vorbeireiten mindestens eine Pferdelänge **Abstand**.
- Beim Begegnen in der Reitbahn haben Reiter auf der **linken Hand** den Hufschlag. Entgegenkommende Reiter müssen ihnen ausweichen.
- Im **Schritt** machen Reiter den Hufschlag so weit frei, dass außen vorbeigeritten werden kann.
- Trabende und galoppierende Pferde werden **innen überholt**.
- Reiter auf der **ganzen Bahn** haben **Vorfahrt** vor Reitern auf dem Zirkel oder auf anderen Hufschlagfiguren.
- Im Zweifelsfall gilt die Regel: **Nach rechts ausweichen**!

Oft gibt es noch zusätzliche Bestimmungen, zum Beispiel zum Springen, für das Longieren oder Laufenlassen von Pferden.

> **Merke dir ...**
> ✔ die Bahnpunkte,
> ✔ häufig vorkommende Hufschlagfiguren,
> ✔ die Regeln der Bahnordnung.

7 Reitlehre und Reiten lernen

Aufsitzen, Absitzen, Bügel einstellen

Damit du sicher auf- und absitzen kannst, muss dein Pferd ruhig stehen. Das klappt am besten in der Gruppe. Deswegen wird am Anfang und Ende einer Reitstunde mit sicheren Abständen auf der Mittellinie **aufmarschiert**.

Richtig auf- und absitzen
Es gibt mehrere Möglichkeiten, korrekt auf ein Pferd aufzusteigen:
- Aufsitzen vom Boden aus
- Aufsteigen von einer Aufsitzhilfe
- Sich hochheben lassen

Das **Aufsitzen** vom Boden aus klappt nur, wenn die Größenverhältnisse von Reiter und Pferd es zulassen. Andernfalls ist es keine Schande, sich hochheben zu lassen!
→ Beuge dabei das linke Bein im rechten Winkel und halte den Oberkörper aufrecht. Dann geht es leicht!

Beim Aufsitzen ist es sicherer, wenn jemand das **Pferd festhält** und am **Steigbügel** ein Gegengewicht bildet, damit der Sattel nicht rutscht. Auch du solltest jemand anderem beim Aufsitzen helfen können!
→ Stell dich auf die rechte Seite des Pferdes. Fasse mit der rechten Hand in das Backenstück der Trense und ziehe mit der linken Hand oberhalb des Steigbügelriemens am Steigbügel.

Schließlich kannst du – wenn das Pferd es kennt – von einer **Aufsitzhilfe**, zum Beispiel einem Hocker, aufsitzen.

Beim **Absitzen** darfst du nicht in den Steigbügeln hängen bleiben. Nimm deswegen vor dem Absitzen unbedingt beide Füße aus den Steigbügeln!

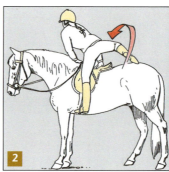

1 Aufsitzen: Schiebe den linken Fuß in den Steigbügel, halte mit der rechten Hand gegen.

2 Stütze dich mit der linken Hand ab und schwinge das rechte Bein vorsichtig über den Pferderücken.

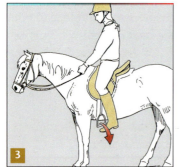
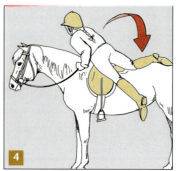

3 Absitzen: Nimm als Erstes beide Füße aus den Steigbügeln.

4 Hole mit beiden Beinen Schwung und springe nach links ab.

Aufsitzen, Absitzen, Bügel einstellen 7

Nachgurten
Vor dem Aufsitzen musst du den **Sattelgurt nachziehen**. Aber manche Pferde pusten sich regelrecht auf; nach kurzer Zeit ist der Sattelgurt wieder locker. Deswegen musst du ungefähr nach zehn Minuten im Sattel den **Sattelgurt überprüfen und nachgurten**.

➜ Der Sattelgurt sollte auf beiden Seiten gleichmäßig nachgezogen werden.

➜ Lass dir beim Nachgurten helfen, wenn du es noch nicht allein sicher kannst.

Die richtige Bügellänge
Ein Steigbügel in passender Länge reicht dir ungefähr von den **Fingerspitzen** bis in die **Achselhöhle**. So kannst du dir den Bügel vor dem Aufsitzen einstellen. Ganz genau kannst du erst im Sattel prüfen, ob dir der Bügel richtig passt. Deswegen ist es wichtig, die Steigbügel auch **vom Sattel aus** verstellen zu können.

➜ Lass beim Einstellen der Bügel von oben die Füße in den Steigbügeln!

Die Wahl der **richtigen Bügellänge** ist wichtig für einen korrekten Sitz. Sie kann aber von Pferd zu Pferd, sogar von Reitstunde zu Reitstunde unterschiedlich sein. Im Dressursitz sind die Bügel länger als im leichten Sitz.

Als Anhaltspunkt für die richtige Bügellänge im Dressursitz kannst du ausprobieren, ob du mit tiefen Absätzen leichttraben kannst. Gelingt das nicht, sind die Bügel vermutlich **zu lang**. Im Aussitzen dagegen musst du die Beine locker hängen lassen können, ohne die Knie hochziehen zu müssen – sonst sind die Bügel **zu kurz**.

Im leichten Sitz musst du deine Unterschenkel sicher kontrollieren und die **Absätze tief halten** können. Gelingt das nicht, könnten die Bügel zu lang sein.

➜ Für das Reiten im leichten Sitz werden die Bügel um drei bis fünf Löcher **verkürzt**.

▶ Zügel in einer Hand, Zeigefinger auf dem Dorn der Schnalle – so ist es korrekt!

Merke dir ...
✔ wie du sicher auf- und absitzen kannst,
✔ wann und wie du nachgurten musst,
✔ wie du die richtige Bügellänge findest und einstellst.

7 Reitlehre und Reiten lernen

Der Sitz des Reiters

Wenn man es genau nimmt, ist der **Sitz des Reiters** gar kein Sitz. Man sitzt nicht auf dem Pferd wie auf einem Stuhl. Die korrekte **Position des Reiters** sieht eher aus wie ein Stehen mit mal mehr, mal weniger gebeugten Knien. Daher kommt auch die erste und wichtigste Forderung an einen guten Sitz: Der Reiter muss sein eigenes **Gleichgewicht** halten.

➡ Du bist dann auf dem Pferd im Gleichgewicht, wenn deine Haltung auch ohne Pferd – also auf dem Boden – funktionieren würde.

▲ Der Sitz des Reiters im Stand ...
 ... sollte auch zu Fuß funktionieren.

Wenn das Pferd sich bewegt, musst du dein eigenes Gleichgewicht immer wieder neu finden und an die Pferdebewegung anpassen. Das klappt nur, wenn du **losgelassen** und nicht verkrampft bist. Die größten Feinde der Losgelassenheit sind Angst und Überforderung.

Wer sich fürchtet, verkrampft sich automatisch. Wer das Gefühl hat, am Ende seiner Kräfte zu sein, kann ebenfalls nicht losge-

lassen sitzen. Allerdings darf man Losgelassenheit nicht mit völliger Entspannung verwechseln: Reiter brauchen eine sogenannte **positive Spannung** im Gegensatz zur **negativen Spannung** (Verspannung oder Verkrampfung).

Dressursitz und leichter Sitz

Das Ziel der Sitzschulung ist es, in jedem Augenblick **in die Pferdebewegung eingehen** zu können und diese Bewegung nie zu stören. Es gibt keine Position auf dem Pferd, die dafür in jeder Situation immer gleich gut geeignet ist. Der Reiter muss sich auf dem Pferd bewegen, um Teil der Bewegung des Pferdes werden zu können. Dazu braucht der Reiter eine sichere **Sitzgrundlage**.

▲ Viele Gelenke im Körper müssen sich bewegen, damit ein Reiter richtig sitzen kann.

Die beiden wichtigsten unterschiedlichen Sitzarten sind der **Dressursitz** und der **leichte Sitz**.

Der Sitz des Reiters

Die wichtigsten Kennzeichen des Dressursitzes sind der **aufrechte Oberkörper** und die **tiefe Lage des Knies**. Der Kopf wird aufrecht gehalten. Die Schultern sind breit und tief, die Arme leicht angewinkelt und die **Zügelfäuste** werden frei getragen. Die **Gesäßknochen** haben gleichmäßigen Kontakt mit dem Pferderücken. Der Reiter sitzt gerade, genau in der Mitte des Pferderückens. Die Beine hängen an beiden Seiten so lang wie möglich herunter. Die Knie sind leicht angewinkelt, sodass die **Wade** Kontakt mit dem Pferdekörper hält.

→ So kannst du die Pferdebewegung durch deinen Oberkörper hindurch nach oben leiten und dich auf diese Weise immer wieder **neu aufrichten**.

→ Gleichzeitig kannst du die Pferdebewegung durch das ganze Bein nach unten leiten bis in den **tiefen, federnden Absatz**.

Im **leichten Sitz** wird der Rücken des Pferdes entlastet. Daher wird der leichte Sitz beim Springen und beim Galoppieren im Gelände oder auf dem Außenplatz angewendet. Für einen ausgeprägten leichten Sitz müssen die Steigbügel etwa drei bis fünf Löcher kürzer sein als im Dressursitz. In **Hüftgelenken**, **Kniegelenken** und **Fußgelenken** entsteht mehr Beugung, also mehr Knick. Das Reitergewicht wird vermehrt von den Steigbügeln getragen. Der **Oberkörper** geht nach vorne, dabei bleibt der Rücken gerade. Die Hände werden weiter vorn am Pferdehals und tiefer getragen.

→ Die kleinen Finger dürfen Kontakt mit dem Pferdehals haben. Stütze dich aber nicht auf die Hände!

→ Sichere dein Gleichgewicht, indem du in die tiefen Absätze nach unten federst.

Der Dressursitz: Du erkennst ihn am aufrechten Oberkörper und am tiefen Knie.

Der leichte Sitz: Du erkennst ihn am vorgeneigten Oberkörper und am gebeugten Knie.

Zwischen Dressursitz und leichtem Sitz ist **jede Zwischenform** möglich. Der richtige Sitz muss in jedem Augenblick zur Pferdebewegung passen!

> **Merke dir ...**
> ✔ die Kennzeichen des Dressursitzes,
> ✔ die Kennzeichen des leichten Sitzes,
> ✔ die wichtigsten Eigenschaften eines guten Sitzes.

7 Reitlehre und Reiten lernen

Zügelführung und Gertenhaltung

Die Zügel verbinden die Hand des Reiters mit dem Trensengebiss. Die richtige Haltung der Zügelfäuste im Kontakt zum Pferdemaul wird **Zügelführung** genannt.
Trage die Zügelfäuste
- eine Handbreit vor dem eigenen Körper
- eine Handbreit über dem Widerrist
- eine Handbreit auseinander
➜ Vergiss nie, dass ein Pferdemaul empfindlich ist. Mit einer harten Hand kannst du dem Pferd Schmerzen zufügen.

Die wichtigsten Merkmale der korrekten Zügelführung sind:
- Die Zügelfaust wird **aufrecht getragen**, der Handrücken ist leicht aufgewölbt.
- Die Finger sind fest **zur Faust geschlossen**, ohne sich zu verkrampfen.
- Die **Daumen** fallen leicht **nach außen** über; die kleinen Finger sind sich näher als die Daumen.
- Der Daumen wird **dachförmig** (mit einem leichten Knick) auf dem Zügel aufgesetzt.
- Ellbogengelenke und Unterarme bleiben **locker**.

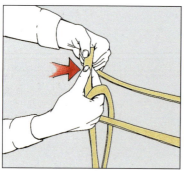
Nachfassen links: Greife mit Daumen und Zeigefinger der rechten Hand das Ende des linken Zügels mit.

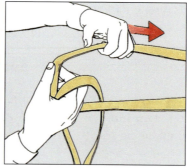
Lass die linke Hand am Zügel entlang so weit wie nötig vorwärts gleiten, dann teile die Zügel wieder.

Die korrekte Handhaltung und die wichtigsten Handgriffe musst du gründlich üben: das Annehmen und Nachgeben und das Nachfassen der Zügel mithilfe der gegenüberliegenden Hand.

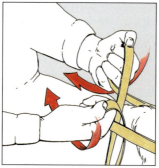
Zum Annehmen des Zügels wird die Faust nach innen oben eingedreht.

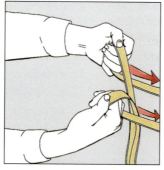
Zum Nachgeben gehen die Zügelfäuste in Richtung Pferdemaul vorwärts.

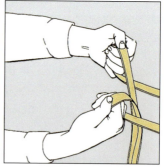
So hältst du die Zügelfäuste richtig – achte darauf, dass der Daumen dachförmig aufliegt.

Zügelführung und Gertenhaltung 7

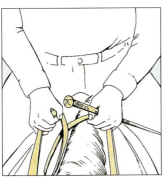

Nimm die Gerte in die innere Hand. Fasse zum Gertenwechsel

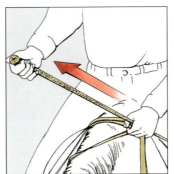

beide Zügel samt Gerte mit einer Hand. Zieh die Gerte nach

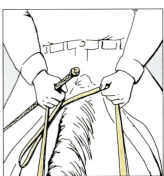

oben heraus auf die andere Halsseite. Sortiere die Zügel!

Gerte und Gertenwechsel

Eine **Reitgerte** kann dabei helfen, das Pferd zu treiben. Benutze anfangs eine mittellange Gerte, nicht länger als einen Meter. Die Länge wird immer einschließlich dem beweglichen unteren Ende, dem Schlag, gemessen.

- In den Teilprüfungen **Dressur** darf die Gerte höchstens 1,20 Meter lang sein.
- In den Teilprüfungen **Springen** und **Geländereiten** darf die Gerte höchstens 75 Zentimeter lang sein.

Die Gerte wird dicht **hinter dem inneren Schenkel** eingesetzt. Nimm deine Hand dabei seitlich vom Pferdehals weg, um das Pferd nicht im Maul zu stören. Einfacher ist es, das Pferd mit der Gerte leicht **an der inneren Schulter** anzutippen.

Halte Handrücken und Unterarm wie einen verlängerten Zügel.

Zu Anfang der Reitausbildung ist es sinnvoll, die Gerte immer in der inneren Hand zu tragen und bei jedem Handwechsel ebenfalls zu **wechseln**.

➡ Richte dich bei der Auswahl der **Hilfsmittel** Gerte und **Sporen** nach den Anweisungen des Ausbilders. Wenn du Sporen trägst, sollten sie kurz und stumpf sein.

- In den Einstiegsabzeichen dürfen Sporen höchstens 3,5 Zentimeter lang sein und keine Rädchen oder spitzen Enden haben.
- Der Dorn des Sporens muss waagerecht ausgerichtet sein oder nach unten zeigen.

Die Gerte liegt schräg über dem Oberschenkel.

> **Merke dir ...**
> ✔ die Hinweise zur Handhaltung,
>   die korrekten Handgriffe zum Annehmen, Nachgeben und Nachfassen des Zügels,
> ✔ die Hinweise zum Gebrauch der Gerte,
> ✔ die korrekten Handgriffe zum Gertenwechsel.

7 Reitlehre und Reiten lernen

Sitzschulung

| Hinter der Bewegung Stuhlsitz | Vor der Bewegung Spaltsitz | Zu wenig Körperspannung | Zu hohe Körperspannung |

Sitzübungen an der Longe

Es braucht Zeit und Übung, richtig auf dem Pferd sitzen zu lernen. Weil man sich dabei immer wieder neu an die **Pferdebewegung anpassen** muss, ist man mit dem Lernen nie fertig! Die Schulung des Sitzes ist ein wichtiger Bestandteil der gesamten Reitausbildung. Sitzfehler gewöhnt man sich schnell an und nur schwer wieder ab.

An der **Longe** kannst du die Bewegung des Pferdes kennenlernen, ohne die Gangart, das Tempo und die Richtung des Pferdes selbst kontrollieren zu müssen. Du kannst dich ganz auf dich selbst konzentrieren und brauchst keine Angst zu haben.
So lässt es sich gut lernen!

▲ Hände in die Hüften, Oberkörper drehen!

▲ Das klappt sogar im Trab!

Sitzschulung 7

▲ Im Galopp die Arme ganz weit ausstrecken

▲ Hände tragen

▲ Unsichtbarer Ball

▲ Jonglieren

▲ Reiten ohne Bügel hilft, sich besser auszubalancieren.

Sitzschulung am Gurt

Besonders gut kann man die Pferdebewegung spüren, wenn man **ohne Sattel** – nur mit einem **Sitzgurt** – auf dem Pferderücken sitzt. So fällt es viel leichter, mit der Bewegung mitzugehen und nicht gegen die Bewegung zu sitzen.

Bewegung ist das beste Mittel, um sich auf dem Pferderücken sicher zu fühlen. Wer versucht, die einmal eingenommene Position möglichst festzuhalten und nicht zu verlieren, wird sich schnell verkrampfen. **Übungen** können helfen, sich loszulassen und nicht nur das Pferd, sondern auch den eigenen Körper besser zu fühlen.

In Übergängen zwischen den unterschiedlichen Gangarten des Pferdes oder beim Wechseln des Tempos innerhalb einer Gangart wird dein Gleichgewicht besonders herausgefordert. Die **unterschiedli**-

▲ Der leichte Sitz lässt sich gut im Trab üben.

chen Sitzformen kannst du ebenfalls am besten an der Longe ausprobieren.

> **Merke dir ...**
> ✔ Sitzschulung ist das wichtigste Mittel, um das eigene Reiten zu verbessern.

7 Reitlehre und Reiten lernen

Die Reiterhilfen

Verständigung mit dem Pferd

Wir verständigen uns mit dem Pferd mithilfe unseres Körpers. Botschaften, die dem Pferd per Körpersprache gegeben werden, nennt man in der Reitersprache **Hilfen**.

Die Reiterhilfen werden in drei Gruppen zusammengefasst:
- Gewichtshilfen
- Schenkelhilfen
- Zügelhilfen

Zusätzlich können noch die **Hilfsmittel** Stimme, Gerte und Sporen *(siehe Seite 67)* eingesetzt werden.
Mit der Stimme kannst du das Pferd aufmuntern oder beruhigen. Daher ist die Stimme das **wichtigste Hilfsmittel**.

Spiel mit dem Gleichgewicht

Man könnte meinen, dass Reiter ihre Pferde mit den Beinen antreiben und mit den Zügeln bremsen und lenken. Aber Pferde funktionieren nicht wie Autos!
Von allen Hilfen sind die **Gewichtshilfen** die wichtigsten, weil das Pferd sie immer spürt.
Wenn du im Gleichgewicht auf dem Pferd sitzt, kann das Pferd dich leicht tragen. Es wird jede kleine Veränderung in deinem Körper spüren. Eine leichte **Gewichtsverlagerung** nach innen genügt, um das Pferd in diese Richtung zu dirigieren. Dafür reicht es aus, die **innere Hüfte nach vorne** zu schieben.

➔ Neige bei der Gewichtsverlagerung den Oberkörper nie zur Seite!

Kleine Bewegungen im **Oberkörper** nach vorne oder zurück können das Pferd je nach Situation antreiben oder zurückhalten. Einen guten Reiter erkennt man daran, dass er das Pferd hauptsächlich mit den **beinahe unsichtbaren Gewichtshilfen** dirigiert.

Die Schenkelhilfen

Mit den Unterschenkeln, genauer gesagt, den flach am Pferdeleib anliegenden **Waden**, kann der Reiter die Hinterhand des Pferdes beeinflussen.
Dabei genügt es, zum Anspannen der Wade den **Absatz** leicht nach unten zu federn und einen ganz leichten Druck gegen den Pferdekörper auszuüben. So wird das Pferd angeregt, das Hinterbein auf derselben Seite mehr nach vorn treten zu lassen und sich weniger in die Kurve zu legen.

Der **vorwärtstreibende** Schenkel liegt **am Gurt**. Vor der Vorderkante des Stiefels ist gerade noch die Hinterkante des Sattelgurtes zu sehen.

Der treibende Schenkel liegt am Gurt.

Der **verwahrende** (begrenzende) Schenkel liegt eine Handbreit **hinter dem Gurt**. Er sorgt für eine seitliche Begrenzung der Hinterhand.

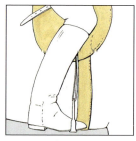

Der verwahrende Schenkel liegt hinter dem Gurt.

➔ Der verwahrend liegende Schenkel kann gleichzeitig treiben!

Die Reiterhilfen 7

Die Zügelhilfen

Am wichtigsten ist eine gleichmäßige, **weiche Verbindung** mit beiden Zügeln zum Pferdemaul. Biete dem Pferd diesen **Kontakt**, aber versuche nicht, ihn zu erzwingen. Schau dir zur Erklärung der Zügelhilfen die Abbildungen auf Seite 66 an!

- Drehe zum **Annehmen** des Zügels die Faust ein kleines Stückchen in Richtung deiner eigenen gegenüberliegenden Schulter ein.
- Gehe zum **Nachgeben** mit der Hand in Richtung Pferdemaul vor. Reicht das nicht aus, lass die Zügel zentimeterweise durch die Finger rutschen.
- Der **verwahrende** Zügel hilft, die Vorhand des Pferdes seitlich zu begrenzen.
- Um eine **aushaltende** (durchhaltende) Zügelhilfe zu geben, schließt du für einen Moment fest die Faust und spannst so den Unterarm an.

→ Auf jedes Annehmen oder Durchhalten muss ein Nachgeben folgen.
→ Nachgeben ist die wichtigste Zügelhilfe.

Das Zusammenwirken der Hilfen

Damit das Pferd die Hilfen befolgt – in der Reitersprache heißt das durchlässig sein –, müssen sie richtig **zusammenwirken**. Außerdem müssen sie mit der richtigen **Technik**, in der richtigen **Stärke** und im richtigen **Augenblick** gegeben werden. Für eine gute **Einwirkung** musst du im Laufe der Ausbildung das entsprechende **Reitergefühl** entwickeln.

▲ Um das Pferd sicher einzurahmen, müssen alle Hilfen zusammenwirken.

▲ Nachgebende Zügelhilfe durch Vorgehen mit der inneren Hand

Merke dir ...
✔ Es gibt Gewichts-, Schenkel- und Zügelhilfen; die Gewichtshilfen sind am wichtigsten.
✔ Zu den Hilfsmitteln zählen die Stimme, Gerte und Sporen; die Stimme ist am wichtigsten.
✔ Für eine gute Einwirkung müssen alle Hilfen in der richtigen Weise zusammenwirken.

Praktisches Dressurreiten

An den Hilfen

An die Hilfen stellen
Damit ein Pferd sicher auf die Reiterhilfen reagiert, muss der Reiter es mit seinen Hilfen sicher einschließen. Das setzt einen sicheren Sitz voraus. Je geschmeidiger sich ein Reiter der Pferdebewegung anpassen kann, desto weniger muss er sich selbst bewegen. Kennzeichen dafür sind ein ruhiger Oberkörper, eine sichere, tiefe Lage der Knie und Unterschenkel und Hände, die unabhängig von der Bewegung des Pferdes eine gleichmäßige Position halten können.

▲ An den Hilfen – im Galopp auf dem Dressurviereck

Am wichtigsten sind dabei die treibenden Hilfen, die für Fleiß und Tempo sorgen. Auch für das willige Vorwärtsgehen des Pferdes sind deine Gewichtshilfen – also ein ausbalancierter Sitz – am wichtigsten. Die Unterschenkel, genauer gesagt die Waden, wirken ebenfalls vorwärtstreibend ein. Dafür ist es entscheidend, immer wieder in den tiefen Absatz zu federn; so spannen sich die Waden automatisch an.

➡ Weder heftiges Quetschen mit den Unterschenkeln noch Klopfen mit hochgezogenen Absätzen führen zum gewünschten Erfolg!

Den Gegensatz zu den treibenden bilden die verhaltenden Hilfen. Auch hier arbeiten Gewichtsverlagerung und aushaltende (durchhaltende) oder annehmende Zügelhilfen zusammen.

Ebenso müssen die inneren und äußeren Hilfen zusammenarbeiten; man spricht deswegen von der diagonalen Hilfengebung. Besonders wichtig ist es, dass der innere Schenkel das Pferd an den äußeren, verwahrenden Zügel und den äußeren, verwahrenden Schenkel herantreibt.

▲ An den Hilfen – im leichten Sitz auf dem Außengelände

Takt, Losgelassenheit, Anlehnung
Jedes Pferd findet über
- den gleichmäßigen Takt,
- die innere und äußere Losgelassenheit zur Anlehnung.

Wenn es sich allmählich in den Rahmen der Hilfen einschließen lässt, wird es
- im Genick mehr nachgeben,
- sich immer besser treiben lassen,

- an das Gebiss herantreten,
- zu **kauen** beginnen und den Hals aufwölben.
→ Nur mit einer guten Sitzgrundlage kannst du einem Pferd eine sichere Anlehnung bieten.

Am Zügel

Wenn ein Pferd **durchs Genick** geht, dann ist dies das äußere Zeichen der **Durchlässigkeit** auf die Reiterhilfen. Dabei soll das Pferd eine sichere **Anlehnung** an das Gebiss selbst suchen. Der Reiter darf auf keinen Fall rückwärts am Zügel ziehen, um eine bestimmte Kopfhaltung zu erzwingen. Damit dieses Problem gar nicht erst aufkommt, sind in den Einstiegsabzeichen bestimmte Hilfszügel *(siehe Seite 58)* erlaubt. Sie verhindern, dass ein Pferd sich regelrecht gegen den Zügel sträubt und **gegen** oder **über den Zügel** geht.

Hilfszügel dürfen auf keinen Fall so kurz verschnallt sein, dass ein Pferd mit der Stirn-Nasenlinie **hinter** eine gedachte **senkrechte Linie** kommt. Sie sollen die Einwirkung der Reiterhand nicht völlig ausschalten.
→ Ein Pferd, das richtig **am Zügel** geht, hat die Nase mehr oder weniger leicht **vor der Senkrechten**.

Die Zügelverbindung muss nicht immer kurz sein. Ein Pferd, das **am langen Zügel** geht, ist immer noch in den Rahmen der Hilfen eingeschlossen. Auch wenn ein Reiter die Zügel ganz **hingibt**, also nur noch an der Schnalle anfasst, können Gewichts- und Schenkelhilfen das Pferd noch kontrollieren.

Am langen Zügel

Mit hingegebenem Zügel

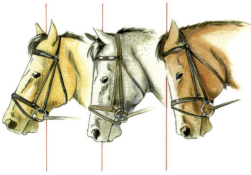

| Vor der Senkrechten | An der Senkrechten | Hinter der Senkrechten |

> **Merke dir ...**
> ✔ Treibende und verhaltende Hilfen, innere und äußere Hilfen müssen zusammenarbeiten.
> ✔ Ein Pferd bewegt sich von hinten nach vorn. Der Zügelkontakt ist das Ende – und nicht der Anfang – dieser Bewegung.
> ✔ Wenn ein Pferd alle Reiterhilfen willig annimmt und befolgt, dann ist es durchlässig auf die Hilfen. Es gibt im Genick nach und geht am Zügel.

Praktisches Dressurreiten

Schritt, Trab, Galopp

Die Grundgangarten

Alle Pferde beherrschen die drei **Grundgangarten** Schritt, Trab und Galopp. Jede Gangart hat ihren unverwechselbaren **Takt** – wenn man ein Pferd nur hört und nicht sieht, weiß man trotzdem genau, in welcher Gangart es sich bewegt.

Man kann sogar mit den Hufen, die den Boden berühren, mitzählen: im Schritt bis vier, im Trab bis zwei und im Galopp bis drei, dann fängt die Fußfolge wieder von vorne an.

- Der Schritt ist ein **Viertakt**.
- Der Trab ist ein **Zweitakt**.
- Der Galopp ist ein **Dreitakt**.

Im **Schritt** bewegen sich alle Beine einzeln nacheinander nach vorn: **gleichseitig, aber nicht gleichzeitig**. Im **Trab** bewegen sich die beiden diagonalen Beinpaare (inneres Hinterbein und äußeres Vorderbein) gleichzeitig nach vorn: **gleichzeitig, aber nicht gleichseitig**. Im Galopp unterscheidet man **Rechts- und Linksgalopp**; üblich ist der Handgalopp, also der Linksgalopp auf der linken Hand und umgekehrt. Die inneren Vorder- und Hinterbeine greifen jeweils vor die entsprechenden äußeren Beine.

Im Trab und Galopp entsteht jeweils eine **Schwebephase** – ein Moment, in dem kein einziges Pferdebein den Boden berührt. Der Schritt ist eine schwunglose Gangart – es entsteht kein Moment der freien Schwebe.

➡ Gangpferderassen wie die Islandponys verfügen zusätzlich über **Spezialgangarten**, zum Beispiel Pass oder Tölt.

Das richtige Tempo

Wenn beim Dressurreiten vom **Tempo** die Rede ist, dann ist nicht wie beim Autofahren die reine Geschwindigkeit gemeint. Veränderungen im Tempo sollen durch **Verlängern** oder **Verkürzen** der Schritte, Trabtritte oder Galoppsprünge zustande kommen. Die Geschwindigkeit ergibt sich aus dem **Fleiß**, mit dem ein Pferd sich mit den Hinterbeinen vom Boden abstößt. Der Reiter muss lernen, das Pferd entsprechend **vorwärtszutreiben**.

In anspruchsvollen Dressuraufgaben werden unterschiedliche Tempi verlangt, zum Beispiel Mittelgalopp oder versammelter Trab. In den Einstiegsabzeichen werden in allen praktischen Prüfungen im dressurmäßigen Reiten ausschließlich **Mittelschritt**, **Arbeitstrab** und **Arbeitsgalopp** geritten. Beim Reiten über Hindernisse ist das **Grundtempo** höher als beim Reiten im Dressurviereck. Für den Reiter ist es wichtig, das richtige **Tempogefühl** zu entwickeln.

Reiten im Schritt

Schritt ist die wichtigste Gangart. Zu Anfang und am Ende jeder Reitstunde wird Schritt geritten. Das Pferd soll dabei fleißig und mit genügend Raumgriff in einer mittleren Schrittlänge schreiten – daher gibt es den Begriff Arbeitsschritt nicht. Es wird grundsätzlich im **Mittelschritt** geritten.

➡ Treibe im Schritt mit beiden Waden abwechselnd – immer dann, wenn ein Pferd das Hinterbein auf der entsprechenden Seite vorsetzt.

Leichttraben und Aussitzen

Im **Leichttraben** wechselt der Reiter bei jedem zweiten Tritt zwischen Dressursitz und leichtem Sitz. Diese Bewegung soll flüssig und ohne Anhalten ausgeführt werden.

Schritt, Trab, Galopp 8

1 Leichttraben auf der rechten Hand: Aufstehen, wenn die linke (äußere) Schulter des Pferdes vorgeht.

2 Hinsetzen, wenn die rechte (innere) Schulter vorgeht. So kannst du den richtigen Fuß kontrollieren.

→ Zum Lösen am Anfang jeder Reitstunde auf dem Außenplatz und im Gelände wird grundsätzlich leichtgetrabt.

Richtig **aussitzen** ist eine große Herausforderung. Es gelingt nur, wenn das Pferd den Reiter auch sitzen lässt; dafür muss es sich selbst loslassen und im Rücken schwingen.

→ Treibe im Aussitzen mit beiden Waden gleichzeitig.
→ Reiten ohne Bügel kann helfen, das Aussitzen zu verbessern.

Reiten im Galopp

Jeder Galoppsprung sollte so geritten werden wie ein erneutes Angaloppieren.

→ Sitze aufrecht und ruhig – Mitschaukeln ist verboten!

Sitzfehler im Galopp: Die Reiterin knickt in der inneren Hüfte ein und dreht das innere Bein vom Pferd weg.

▲ Aussitzen wird in allen Einstiegsabzeichen verlangt.

▲ Der Galoppsprung soll so aussehen, als ob das Pferd bergauf galoppiert.

Merke dir ...
✔ Der Schritt dauert vier, der Trab zwei und der Galopp drei Takte lang, bis die Fußfolge wieder von vorn anfängt.
✔ Die Länge der Schritte, Trabtritte oder Galoppsprünge bestimmt das jeweilige Tempo, zum Beispiel Arbeitstrab oder Mittelschritt.
✔ Beim Leichttraben setzt sich der Reiter hin, wenn der innere Hinterfuß und der äußere Vorderfuß gleichzeitig den Boden berühren.

8 Praktisches Dressurreiten

Halbe Paraden und Übergänge

Halbe Paraden

Damit ein Pferd auf **leichte Hilfen** reagiert, muss es sich auf den Reiter konzentrieren. Ein Pferd, das sich langweilt oder ablenken lässt, passt nicht auf die Reiterhilfen auf: Es ist weniger durchlässig. Dagegen gibt es ein Zaubermittel: die **halben Paraden**.

An einer halben Parade sind alle Hilfen des Reiters beteiligt, die auf den gesamten Körper des Pferdes wirken.

Eine halbe Parade besteht darin, durch kurzzeitiges vermehrtes Einschließen des Pferdes in alle Hilfen (Gewichts-, Schenkel- und Zügelhilfen) das Pferd aufmerksam zu machen. Beendet wird die halbe Parade durch **Nachgeben**, damit die Verbindung zwischen Reiterhand und Pferdemaul wieder leichter wird.

Halbe Paraden brauchst du:
- wenn du Tempo, Gangart oder Richtung wechseln willst,
- zur Vorbereitung auf eine dressurmäßige Übung, eine Lektion,
- um die Aufmerksamkeit und Haltung eines Pferdes zu verbessern.

Übergänge

Den Wechsel von einer Gangart zur anderen oder die Änderung des Tempos innerhalb einer Gangart nennt man einen **Übergang**. Beim Gangartwechsel müssen Pferd und Reiter gleichzeitig ihren Bewegungsrhythmus ändern.

Jeder Übergang soll flüssig von hinten nach vorn geritten werden. Dabei darf das Pferd weder losstürmen noch stocken. Der Reiter muss lernen, sich in den Übergängen selbst auszubalancieren.

Nicht nur beim Übergang in eine höhere, sondern auch in eine niedrigere Gangart sollen die **treibenden Hilfen** vorherrschen. Ein Übergang sieht nämlich nur dann flüssig aus, wenn ein Pferd dabei seine Hinterbeine vermehrt nach vorne unter den Körper setzt und mit ihnen Last aufnimmt. Sonst stoppt das Pferd auf der Vorhand.

Anreiten und Antraben

Um ein Pferd aus dem Halten **anzureiten**, musst du zunächst eine korrekte, aufrechte Position im Sattel einnehmen und die Zügel in der passenden Länge aufnehmen. Lege **beide Unterschenkel** gleichzeitig mit leichtem Druck an den Pferdebauch. Sobald sich das Pferd in Bewegung setzt, gib mit den Händen nach, ohne den Kontakt aufzugeben.

Die Hilfen für das **Antraben** sind die gleichen wie für das Anreiten – du musst sie nur entsprechend stärker geben.

➡ Überprüfe vor dem Antraben die Zügelverbindung und fasse, wenn nötig, nach.

Halbe Paraden und Übergänge 8

Angaloppieren

Das Angaloppieren gelingt meist am leichtesten aus dem Trab auf einer **gebogenen Linie**, zum Beispiel auf dem Zirkel zur geschlossenen Seite, das heißt auf die Bande zu.

Damit das Pferd **richtig angaloppiert**:
- Mache es mit **halben Paraden** aufmerksam.
- Belaste den **inneren Gesäßknochen** und schiebe die innere Hüfte nach vorn.
- Lege den **inneren Schenkel** vorwärtstreibend an den Gurt und den **äußeren** verwahrend eine Handbreit dahinter.
- **Stelle** dein Pferd im Genick vermehrt nach innen.

Ein missglückter Übergang: Die Reiterin lehnt sich zurück und hält sich am Zügel fest.

Ein missglückter Übergang: Der Reiter fällt vornüber und das Pferd stoppt auf der Vorhand.

- Gib die Aufforderung zum Angaloppieren mit deinem **inneren Gesäßknochen** und dem **inneren Schenkel**.
- Gib **Luft am inneren Zügel**, sobald das Pferd anspringt.

Ganze Paraden

Wenn ein Pferd aus dem Schritt, Trab oder Galopp zum Halten durchpariert, nennt man das in der Reitersprache eine **ganze Parade**. Anders als in der Mathematik setzt sich eine ganze Parade nicht aus zwei halben Paraden zusammen, sondern aus so vielen halben Paraden wie nötig – bis das Pferd steht.

Ein Pferd soll dabei die halben Paraden durch seinen ganzen **Körper hindurchlassen**: mit den Hinterbeinen mehr untertreten, den Rücken mehr aufwölben und sich besser an das Gebiss herandehnen.

➡ Die **Durchlässigkeit** auf alle Reiterhilfen ist das wichtigste Ziel der Ausbildung des Pferdes.

Die ganzen Paraden sind ein Prüfstein für die Durchlässigkeit. Deswegen werden sie am Anfang und am Ende jeder Dressuraufgabe verlangt. Ein Pferd soll im **Halten** ausbalanciert auf allen vier Füße stehen, Vorder- und Hinterhufe jeweils genau nebeneinander. Dabei soll das Pferd so aufmerksam bleiben, dass der Reiter sofort wieder anreiten, antraben oder sogar angaloppieren kann.

> **Merke dir ...**
> ✔ wie eine halbe Parade ausgeführt wird,
> ✔ wofür halbe Paraden eingesetzt werden,
> ✔ wie eine ganze Parade geritten wird.

Geradeaus und auf gebogenen Linien

Geradeaus reiten
Geradeaus reiten hört sich ganz selbstverständlich an. Es ist aber gar nicht so leicht! Pferde laufen von allein nicht schnurgeradeaus – dazu muss man sie erst ausbilden. Genauso müssen Pferde lernen, sich gebogenen Linien genau anzupassen. Deswegen wird in allen Dressuraufgaben ein Wechsel zwischen geraden und gebogenen Linien im Viereck gefordert.

Natürliche Schiefe
Alle Pferde sind von Natur aus ein bisschen schief – wir Menschen übrigens auch. Wir sind Links- oder Rechtshänder und haben ein Bein, mit dem wir bevorzugt abspringen. Auf dem anderen Bein landen wir besser.

Pferde können ihren Körper leicht zu einer bestimmten Seite drehen – bei den meisten, aber nicht allen Pferden ist das die linke Seite. Auf der anderen Hand fällt es ihnen oft schwerer, sich einer gebogenen Linie anzupassen. In der Fachsprache heißt diese Seitendifferenz natürliche Schiefe. Die Unterschiede auf beiden Seiten auszugleichen ist ein wichtiges Ziel der Ausbildung.

Nach innen stellen
Ein Pferd kann Hals und Kopf mithilfe vieler Gelenke weit nach jeder Seite bewegen. Für den Reiter ist das Genick, die Verbindungsstelle zwischen Kopf und Hals hinter den Ohren, das wichtigste Gelenk. Hier kann das Pferd seinen Kopf leicht seitlich wenden, sodass du das innere Auge und die inneren Nüstern schimmern siehst. Der Pferdehals bleibt dabei gerade vor dir – nur der Mähnenkamm soll zu der Seite umkippen, zu der das Pferd gestellt ist.

Wenn du dein Pferd stellen willst:
- Nimm den inneren Zügel leicht an – dein kleiner Finger bewegt sich auf deine gegenüberliegende Schulter zu.
- Biete dem Pferd gleichzeitig am äußeren Zügel eine konstante, weiche Anlehnung.
- Gib mit dem inneren Zügel wieder nach.
→ Der innere Zügel gibt die Stellung, der äußere hält die Stellung.

Innen und außen
Wenn man in der Reitersprache von innen und außen spricht, ist damit immer die Stellung gemeint – bei einem nach links gestellten Pferd ist also die linke Seite von Pferd und Reiter innen. In der Grundausbildung wird grundsätzlich in Innenstellung geritten, das heißt beim Reiten auf der linken Hand wird in Wendungen auch nach links gestellt.

▲ Hier ist das Pferd deutlich nach links gestellt und gebogen.

Geradeaus und auf gebogenen Linien 8

Auf gebogenen Linien

Ein Pferd soll sich jeder gebogenen Linie mit seinem **ganzen Körper** so gut wie möglich anpassen.

Um die geforderte **Längsbiegung** zu erreichen,
- stelle dein Pferd nach innen,
- belaste den inneren **Gesäßknochen** mehr,
- fordere mit dem **inneren, treibenden Schenkel** die Biegung,
- begrenze mit dem äußeren, **verwahrenden Schenkel** und zugleich mit dem äußeren, **verwahrenden Zügel** die Biegung.
→ Wenn das Pferd diese Hilfen annimmt, kannst du **am inneren Zügel nachgeben**, ohne dass Stellung und Biegung verloren gehen.

Es ist wichtig, Stellung und Biegung deutlich zu unterscheiden. Stellung findet im Genick statt, Biegung im ganzen Körper. Daher ist **Stellung ohne Biegung** möglich, aber keine **Biegung ohne Stellung**!

Die inneren Hilfen auf gebogener Linie

Die äußeren Hilfen auf gebogener Linie

▲ Im Rechtsgalopp ist das Pferd nach rechts gestellt und gebogen.

> **Merke dir ...**
> ✔ Stellung findet im Genick des Pferdes statt, Biegung im ganzen Körper.
> ✔ Um Stellung und Biegung zu erreichen, müssen innere und äußere Hilfen zusammenarbeiten.

8 Praktisches Dressurreiten

Einfache Lektionen

Jede Reitstunde setzt sich aus einer Abfolge von Übungen für Reiter und Pferd zusammen. Die dressurmäßigen Übungen heißen **Lektionen**. Grundlegende Lektionen sind zum Beispiel das Reiten von Hufschlagfiguren, Übergänge von einer Gangart zur anderen an vorgeschriebenen Punkten oder das Halten.

Auf Turnieren und bei Abzeichenprüfungen werden Dressuraufgaben geritten. Offizielle Aufgaben sind im Aufgabenheft Reiten zusammengestellt.

▲ Dressuraufgabe in der Gruppe

Bei Abzeichenprüfungen ist das anders: Hier kommt es auf den Reiter an, daher werden Aufgaben geritten, in denen nur das **Können des Reiters** beurteilt wird. Das Pferd soll dem geforderten Ausbildungsstand entsprechen, aber die Qualität seiner Bewegungen spielt keine Rolle.

➡ In den Einstiegsabzeichen werden ausschließlich **Sitz und Einwirkung** der Kandidaten beurteilt. Die Einwirkung lässt sich zum Beispiel daran ablesen, wie genau Hufschlagfiguren und Übergänge ausgeführt werden.

Die Anforderungen werden in Anlehnung an einen **Reiterwettbewerb** bzw. **Dressurreiterwettbewerb der Klasse E** gestellt *(Einzelheiten zu den dressurmäßigen Anforderungen siehe Kap. 1).*

➡ Eine Aufgabe aus dem Aufgabenheft ist nicht vorgeschrieben, der Ausbilder kann die geforderten Übungen selbst zusammenstellen.

Diese Aufgaben sind in Klassen mit aufsteigendem Schwierigkeitsgrad eingeteilt:
- Klasse E = Einstiegsklasse
- Klasse A = Anfangsklasse
- Klasse L = Leichte Klasse
- Klasse M = Mittelschwere Klasse
- Klasse S = Schwere Klasse

Dressuraufgaben können entweder für einen Einzelreiter, zwei Reiter oder eine Abteilung (bis zu vier Reitern) geplant sein. In regulären Aufgaben wird vom Prüfungsgremium beurteilt, wie ein Reiter sein Pferd vorstellt.

▲ Einzelaufgabe

Einfache Lektionen 8

Abteilungsreiten

Reiten in einer **Abteilung** ist mehr als einfach nur hintereinander her zu reiten. In einer Aufgabe für eine Reitabteilung kommt es darauf an, dass alle Reiter möglichst gleichmäßige **Abstände** halten. Alle Übergänge sollten von allen Reitern möglichst gleichzeitig ausgeführt werden. Deswegen gibt der Ausbilder förmliche **Kommandos**. Erst wird die Übung angekündigt, und dann genau auf das Kommando **Marsch!** ausgeführt.

So klappt das Abteilungsreiten besser:
- Der **Anfangsreiter** muss sich öfters umschauen, um sicher zu sein, dass sein **Tempo** auch für alle übrigen Reiter passt.
- Die Abteilung wird von hinten her angetrabt oder angaloppiert, sonst werden die Abstände zu groß.
- Beim Durchparieren kann man die Abstände ausgleichen.
- Wenn man gebogene Linien (Zirkel, Ecke) **größer ausreitet**, wird auch der Abstand größer.
- Bei zu großem Abstand kann man Ecke oder Zirkel etwas enger reiten.

▲ In der Abteilung wird genau nebeneinander aufmarschiert.

Lektionen der Klasse E

Alle Hufschlagfiguren, die auf Seite 60 abgebildet sind, können in Dressuraufgaben der Klasse E vorkommen.
- ganze Bahn im Schritt, Trab und Galopp
- Zirkel im Schritt, Trab und Galopp
- Mittelzirkel im Trab
- Schlangenlinie durch die ganze Bahn, drei Bogen
- durch die halbe oder ganze Bahn wechseln
- linksum oder rechtsum (im rechten Winkel wenden)
- durch den Zirkel wechseln
- halbe Volte links, halbe Volte rechts
- Übergänge Halt – Schritt, Schritt – Trab, Trab – Galopp
- ganze Parade aus dem Trab
- Antraben aus dem Halten
- Angaloppieren an einem bestimmten Punkt
- Durchparieren an einem bestimmten Punkt
- ➔ **Am Punkt** – zum Beispiel bei C, also direkt vor den Richtern – bist du dann, wenn dein Knie in gleicher Höhe wie der Bahnpunkt ist.

In Aufgaben der Klasse E kommt es besonders auf Sitz und Einwirkung des Reiters und auf genaue Hufschlagfiguren an.

> **Merke dir ...**
> ✔ die Anforderungen im dressurmäßigen Reiten für dein Abzeichen.
> ✔ Überlege: Worauf kommt es in der Prüfung an?

9 Reiten über Hindernisse

Reiten mit kurzen Steigbügeln

Dressur? Springen? Reiten!

Dressur und Springen sind sogenannte **Disziplinen** des Reitsports. Aber diese strenge Trennung gilt nur auf dem Turnier. In der Ausbildung von Pferd und Reiter haben Dressur und Springen sehr viel miteinander zu tun.

Ein anderer Begriff für das Springen ist **Reiten über Hindernisse**. Man könnte noch treffend hinzufügen: auch Reiten zwischen Hindernissen.
Du wirst vermutlich selbst feststellen:
- Es ist einfacher als vorher gedacht, problemlos einen kleinen Sprung zu überwinden.
- Es ist schwieriger als gedacht, mehrere Hindernisse hintereinander zu springen.

Bügel kürzer

Zum Reiten über Hindernisse werden die Bügel gegenüber dem Dressurreiten um **drei bis fünf Löcher kürzer** geschnallt. Kürzere Bügel erlauben einen sicheren leichten Sitz mit mehr **Entlastung des Pferderückens**.
Das Reiten mit kürzeren Bügeln ist anfangs ungewohnt und anstrengend. Je kürzer die Bügel werden, desto mehr kann sich dein Körper wie ein Taschenmesser zusammenklappen. Es entsteht **mehr Knick**, also mehr Beugung in Hüft-, Knie- und Fußgelenken.
➜ Der leichte Sitz ist Übungssache!

Ob Bügel länger oder kürzer – die **Reiterhilfen**, die dir zur Verfügung stehen, sind die gleichen *(siehe Seite 70)*. Allerdings ist es mit kürzeren Bügeln viel einfacher, zwischen direkter Belastung und **allmählicher** Entlastung des Pferderückens zu wechseln. Entlastung entsteht, wenn der Reiter das Gewicht allmählich erst auf die **Oberschenkel** und dann immer mehr auf **Knie, Waden und Fußgelenke** (und damit auch auf die **Steigbügel**) verlagert.
Freilich verschwindet das Reitergewicht dabei nicht wie von Zauberhand, es verteilt sich nur auf eine größere Auflagefläche unter dem Sattel.

▲ Leichter Sitz im Trab auf dem Dressurviereck

▲ Leichter Sitz im Galopp auf dem Springplatz

➜ Den leichten Sitz kannst du anfangs gut im Trab üben.

Hilfengebung im leichten Sitz

Die **Hilfengebung** im leichten Sitz bleibt grundsätzlich die gleiche wie im Dressursitz. Allerdings werden die **Gewichtshilfen** indirekt gegeben, sobald das Gesäß weniger oder gar keinen Kontakt mit dem Sattel hat.
- **Oberkörper mehr vor** heißt auch für das Pferd: mehr vorwärts!
- **Oberkörper wieder zurück** bis in die Senkrechte heißt für das Pferd: Tempo zurücknehmen!

Besonders wichtig ist es, das Reiten in der Wendung im leichten Sitz zu üben. Das Gewicht bleibt dabei vermehrt auf dem **inneren Steigbügel**.
➜ Jede Position auf dem Pferd müsstest du auch stehend **auf dem Boden** einnehmen können.

Reiten mit kurzen Steigbügeln 9

- Stimme
- Annehmende und nachgebende Zügelhilfe
- Gewichtsverlagerung
- Hier findet treibende ...
- ... Einwirkung statt

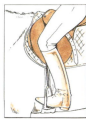

Tiefe Knie und **Absätze** sind beim leichten Sitz besonders wichtig: Sie geben dem Sitz Stabilität und sorgen dafür, dass die Waden richtig einwirken können.

Reiten über Stangen
Springen lernen fängt mit ganz kleinen Hindernissen an: **Stangen**, die am Boden liegen. Damit das Pferd sie flüssig und im Takt überwinden kann, müssen sie in **passenden Abständen** parallel zueinander ausgelegt werden.
Die Abstände sind für jede Gangart verschieden:
- im Schritt 80 Zentimeter
- im Trab 1,20 bis 1,30 Meter
- im Galopp rund 3 Meter
- Auf einer gebogenen Linie werden die Stangen fächerförmig ausgelegt; der Abstand wird in der Mitte der Stange gemessen.

Für Pferde und Ponys, die von Natur aus besonders große oder extra kleine Schritte, Trabtritte oder Galoppsprünge machen, müssen die **Abstände** entsprechend **angepasst** werden.

Die Stangen sollten so **auf dem Boden gesichert** sein, dass sie nicht wegrollen können. Besonders praktisch sind sogenannte Cavaletti, Stangen mit festen Seitenteilen, die sich in unterschiedlicher Höhe aufstellen lassen.
- Über eine 20 Zentimeter hohe Stange kann ein Pferd problemlos traben.
- Eine 40 Zentimeter hohe Stange ist schon ein kleiner Sprung.

➡ **Entlaste den Pferderücken** über den Trabstangen und **geh mit den Händen vor,** damit das Pferd sich mit seinem Hals ausbalancieren kann.

> **Merke dir ...**
> ✔ Für das Reiten im leichten Sitz über Hindernisse werden die Bügel um drei bis fünf Löcher verkürzt.
> ✔ Im leichten Sitz wirken, wie im Dressursitz, Gewichts-, Schenkel- und Zügelhilfen zusammen.
> ✔ Der passende Abstand für Stangen oder Cavaletti beträgt im Schritt 80 Zentimeter, im Trab 1,20 bis 1,30 Meter, im Galopp 3 Meter.
> ✔ Entlaste den Pferderücken über den Stangen und gib dem Pferd genügend Halsfreiheit.

9 Reiten über Hindernisse

Hindernisse aller Art

Natursprünge und bunte Stangen
Es liegt in der Natur der Pferde, über **Hindernisse** zu springen, die sie nicht einfach umgehen können. Das braucht nicht immer ein Sprung aus bunten Stangen sein – manche Pferde springen auch über eine Pfütze, über einen Zweig oder gelegentlich sogar über einen Lichtfleck. Dieses natürliche Verhalten macht man sich in der Ausbildung der Pferde für das Springen zunutze.

Für die **Springausbildung** von Pferden und Reitern braucht man Hindernisse mit **passenden Abmessungen**, die so einladend gebaut sind, dass Pferde sie gerne springen.

Besonders selbstverständlich springen Pferde über **natürliche Hindernisse**, das heißt Sprünge, die aus natürlichem Material bestehen – wie unbehandeltes Holz, Strohballen, ein Baumstamm oder eine sogenannte Bürste. Auch solche Hindernisse sind meistens von Menschenhand aufgebaut oder bearbeitet. Ein großer Unterschied zu den üblichen Hindernissen im Parcours ist die Tatsache, dass massive Natursprünge (etwa ein Baumstamm) nicht abgeworfen werden können.

➔ Bei allen bunten Hindernissen im Springparcours, auch bei Planken oder Mauern, können die obersten Teile abgeworfen werden.

Die meisten Sprünge bestehen aus **Ständern** oder größeren Seitenteilen mit in der Höhe verstellbaren **Auflagen**, in die Stangen oder anderes Hindernismaterial eingehängt werden können.

Je nachdem, welche **Flugkurve** ein Hindernis vom Pferd verlangt, unterscheidet man
- Steilsprünge
- Hoch-Weit-Sprünge (meist Oxer)
- Weit-Sprünge (Wassergraben)

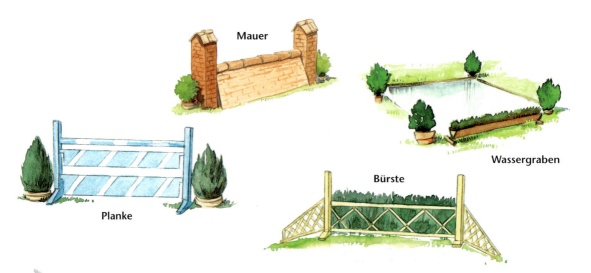

Mauer

Wassergraben

Bürste

Planke

Hindernisse aller Art 9

◀ Ein typischer kleiner Steilsprung

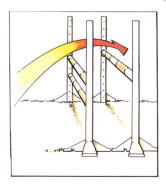

Ein typischer Stangenoxer

Sicherer Aufbau

Für den **Aufbau** von Sprüngen gib es wichtige Sicherheitsregeln:

- Die Stangen müssen locker in der Mitte der Auflage liegen, sodass sie leicht abgeworfen werden können.
- Ein durch **Fänge** seitlich eingerahmtes Hindernis ist einladender für das Pferd.
- Eine Stange am Boden direkt vor dem Hindernis hilft den Pferden dabei, den sicheren Absprung zu finden.
- Am Hindernis dürfen keine losen Auflagen seitlich herausstehen.
- Bei einem Stangenkreuz sollen die gekreuzten Stangen Abstand haben.
- Ein Hoch-Weit-Sprung darf **hinten nie tiefer** sein als vorne.

Ein gut gefüllter, also mit genügend Stangen oder anderem Hindernismaterial ausgestatteter Sprung kann von Pferden besser **taxiert** – also richtig eingeschätzt – werden.

➡ In einem Parcours zeigen zwei kleine Fähnchen die Richtung an, in der ein Hindernis gesprungen werden soll: **rechts rot** und **links weiß**.

So sieht ein einladend gebauter Oxer aus.

Fang

Fang

Absprungstange

▲ Beim Aufbau müssen die Stangen genau in die Mitte der Auflage gelegt werden.

> **Merke dir ...**
> ✔ wie ein Sprung sicher und einladend aufgebaut wird.
> ✔ Die am häufigsten vorkommenden Hindernisse im Parcours sind Steilsprünge und Oxer.
> ✔ Das rote Fähnchen steht rechts, das weiße links vom Sprung.

9 Reiten über Hindernisse

Springen lernen

Der erste Sprung

Keine Angst vor dem ersten Sprung! Wenn du den leichten Sitz beherrschst, hast du keine Schwierigkeiten, dich über einem kleinen Sprung auszubalancieren. Um ein niedriges Hindernis zu überwinden, macht das Pferd nur einen **größeren Galoppsprung**. Springen **aus dem Trab** mit Trabstangen oder einer Vorlegestange im passenden Abstand vor dem Sprung hat einen großen Vorteil: Das Pferd kommt immer **passend** zum Hindernis. Du musst nur in flottem, geregeltem Trab anreiten.

Springen **aus dem Galopp** hat einen anderen Vorteil: Die Bewegung fühlt sich **flüssiger** an; du kannst leichter mit der Bewegung mitgehen. Aber im Galopp ist es eine größere Herausforderung für dich, das passende **Tempo** und den richtigen **Rhythmus** zu finden und zu kontrollieren.

→ Springe **nie ohne Ausbilder**! Er kann dir die passenden Aufgaben stellen und helfen, auftretende Probleme sofort zu lösen.

Beim Anreiten eines Sprunges ist am wichtigsten, dass der Reiter sein Pferd an den Hilfen hat. Die dazu passende Ausprägung des leichten Sitzes kann von Pferd zu Pferd, und von Sprung zu Sprung unterschiedlich sein.

- Nimm beim Absprung den **Oberkörper vor**.
- **Entlaste** den Pferderücken völlig – dein Gesäß darf keinen Kontakt mehr mit dem Sattel haben.
- Gib mit **beiden Händen** nach: am Mähnenkamm entlang oder Richtung Pferdemaul.
- Nimm beim Landen den **Oberkörper** so weit **zurück**, dass du sofort kontrolliert weiterreiten kannst.
- Reite den Sprung **gerade in der Mitte** an und reite danach **in gerader Linie** weiter.

Tipp
Wenn du eine Zügelbrücke fasst, können deine Hände in der Landung nicht am Pferdehals nach unten wegrutschen.

Absprung – Flug – Landung: Jeder Sprung setzt sich aus diesen drei Phasen zusammen.

Der Sitz über dem Sprung

Über dem Sprung muss der Reiter mit der Bewegung des Pferdes **mitgehen** und dabei in jedem Augenblick selbst im **Gleichgewicht** bleiben.

Nachgeben lernen: am Mähnenkamm entlang

Springen lernen 9

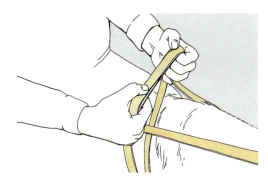

So wird eine Zügelbrücke gefasst.

Tempo und Rhythmus

Ist das **Tempo** zu frei, kann das Pferd den Sprung nicht gut taxieren (einschätzen). Es besteht die Gefahr, dass der Absprung nicht genau passt. Das Pferd springt zu früh oder zu spät ab. Oft sind **Hindernisfehler** die Folge. Galoppiert ein Pferd sehr schnell, werden der Galoppsprung und damit auch die Flugkurve flacher.

Ist das Tempo zu langsam, kann das Pferd ein Hindernis nicht flüssig überwinden. Es springt stockend, steil, beinahe aus dem Stand oder es verweigert sogar den Sprung.

➡ Wenn du das Gefühl für das **passende Tempo** gefunden hast und einen **gleichbleibenden Rhythmus** im Galopp halten kannst, wird dein Pferd selbst den **passenden Punkt zum Abspringen** finden.

Springen üben

Wichtiger als das Springen selbst ist es, das Galoppieren im leichten Sitz zu üben. Je besser dir die Kontrolle über Tempo und Rhythmus des Galopps gelingt, desto leichter wird dir das Überwinden eines Hindernisses fallen.

Um zu lernen, sich über einem Sprung richtig **auszubalancieren**, ist das Springen einer kleinen **Reihe** eine tolle Trainingshilfe. In einer passend aufgebauten Reihe von mehreren Sprüngen hintereinander wird dein Pferd vertrauensvoll und flüssig springen. Es ist nicht etwa schwieriger, sondern einfacher, als einzelne Hindernisse anzureiten.

➡ Du kannst dich gut auf dein eigenes Mitgehen mit der Bewegung konzentrieren!

▲ In einer Hindernisreihe kann man sehr gut lernen, sich über dem Sprung auszubalancieren.

Merke dir ...

✔ Voraussetzungen für das Springen sind eine sichere Beherrschung des leichten Sitzes, ein passendes Tempo und ein gleichbleibender Rhythmus.
✔ Beim Anreiten soll ein Pferd sicher an den Hilfen bleiben.
✔ Über dem Sprung nimmt der Reiter den Oberkörper vor, entlastet den Pferderücken und geht mit den Händen vor.
✔ Nach der Landung soll der Reiter so schnell wie möglich kontrolliert weiterreiten.

9 Reiten über Hindernisse

Probleme beim Springen – und Lösungen

Angst vor dem Sprung

Hast du ein bisschen Bammel vor dem Springen?
Etwas Angst zu haben ist nicht so schlimm und vielleicht sogar ganz schlau: Tatsächlich geht alles beim Springen sehr schnell und mit viel Schwung. Der Reiter muss schnell reagieren und hat kaum Zeit, einen eigenen Fehler zu korrigieren. So kann es zu unvorhergesehenen Situationen kommen. Es ist also völlig normal, vor dem Springen ein bisschen aufgeregt zu sein. Aber nur ein bisschen! Ganz große Angst hindert dich, Springen richtig zu lernen.
Es gibt kein großes Zaubermittel gegen die Angst, aber viele kleine. Wichtig ist es allerdings, dass du wenigstens dir selbst gegenüber die Angst zugibst.

Tipps gegen die Angst

Eine gute Idee ist es, beim Aufbauen der Sprünge mitzuhelfen und dann selbst zu Fuß darüber zu springen. Was du zu Fuß schaffst, ist für dein Pferd sozusagen ein Katzensprung. Du kannst darauf vertrauen, dass du das auch im Sattel überstehst!
Schau dir an, wie andere springen, bei denen es selbstverständlich klappt. Und dann nimm dir vor: Genau so will ich es auch machen!
Manchmal hält man vor Aufregung die Luft an. Über dem Hindernis ist das keine gute Idee. Wer die Luft anhält, verkrampft sich nämlich ganz schnell. In so einem Fall kannst du dich selbst überlisten: Wenn du über dem Hindernis sprichst, musst du ausatmen und kannst die Luft nicht anhalten. Sage zum Beispiel leise: „Vor!" und erinnere dich so selbst daran, den Oberkörper und die Hände vorzunehmen.

Eine andere gute Idee ist es, beim Anreiten zum Sprung die Galoppsprünge laut mitzuzählen – dann kommt der Sprung wie von selbst auf dich zu.

▲ Das klappt zu Pferd ganz bestimmt auch!

Balanceprobleme

Es kann passieren, dass man über dem Sprung keine gute Balance findet. Typische Sitzprobleme sind:
- **vor die Bewegung** kommen
- **hinter die Bewegung** kommen

Aus der Balance: vor der Bewegung

Aus der Balance: hinter der Bewegung

Probleme beim Springen – und Lösungen

Wenn du öfters hinter die Bewegung kommst, kann ein Griff mit einer **Hand in die Mähne** dir helfen, den Moment des Absprungs besser zu fühlen.

Wenn du dazu neigst, vor die Bewegung zu kommen, musst du abwarten lernen. Nimm dir vor, „Jetzt" zu sagen, wenn das Pferd tatsächlich abspringt, um erst dann mit dem Oberkörper vorzugehen.

➡ Die sicherste Hilfe für deine Balance ist ein **tiefer Absatz** beim Anreiten, über dem Sprung und in der Landung.

Eine tolle Balanceschulung ist es, über ein kleines Hindernis **ohne Bügel**, sogar **ohne Zügel** zu springen. Das hört sich viel schwieriger an, als es ist! Versuche es trotzdem nicht auf eigene Faust.

➡ Ein Knoten im Zügel verhindert, dass der Zügel verrutscht.

➡ Bitte bei Sitzproblemen deinen Ausbilder um Rat.

Es kann passieren, dass ein Pferd ein Hindernis **verweigert** und sogar **hineinrutscht**, ohne zu springen.

Oft ist das sogar eine vernünftige Reaktion: Wenn ein Pferd merkt, dass es in eine unlösbare Situation gebracht wird, bleibt es lieber stehen, als mitten in das Hindernis hineinzuspringen.

Upps – Stangensalat

Deswegen brauchst du den Mut nicht zu verlieren. Dein Ausbilder hilft dir, beim nächsten Mal deinem Pferd mehr Sicherheit zu geben!

Springen ohne Bügel und Zügel schult das Gleichgewicht.

Wenn Pferde verweigern

Es kann passieren, dass ein Pferd am Hindernis **vorbeiläuft**. Das Pferd ist in so einem Fall nicht böse, sondern es tut etwas ganz Normales: Es vermeidet eine überflüssige Anstrengung. Wenn es dir gelingt, das Hindernis genau in der Mitte im richtigen Tempo energisch anzusteuern, versteht das Pferd, dass diese kleine Anstrengung nicht zu vermeiden ist.

Springen ist Übungssache – und macht richtig Spaß!

Merke dir ...

✔ Wenn Reiter das Springen gerade erst lernen, sind Probleme ganz normal.

✔ Der Ausbilder kann helfen, Lösungen zu finden.

9 Reiten über Hindernisse

Vom einzelnen Sprung bis zum Parcours

Von einem Sprung zum nächsten

Du wirst schnell merken: Es ist ein großer Unterschied, ob man einen einzelnen Sprung überwindet oder **mehrere Sprünge** hintereinander. Anfangs braucht man oft einige Zeit, um das Pferd nach dem Hindernis sofort wieder an die Hilfen zu stellen. Dann kommt das zweite oder dritte Hindernis einfach zu schnell – man ist selbst noch gar nicht wieder vorbereitet auf den nächsten Sprung. Das **Weiterreiten nach dem Sprung** ist ein wichtiges Lernziel.

Was dir helfen kann:

- **Plane den Weg**, den du reiten willst, ganz genau.
- **Schaue** über dem Sprung bereits zum **nächsten Hindernis**.

In einem Parcours solltest du immer im **Handgalopp** (Innengalopp) reiten. Über dem Sprung wechseln Pferde oft den Galopp. Versuche, sofort nach der Landung zu spüren: Ist mein Pferd im Rechts- oder Linksgalopp gelandet? Manchmal landen Pferde auch im **Kreuzgalopp**, das heißt, sie gehen mit den Vorderbeinen im Rechtsgalopp und mit den Hinterbeinen im Linksgalopp oder umgekehrt. Den Kreuzgalopp erkennst du sofort daran, dass er sich verkehrt und verkrampft anfühlt.

→ **Korrigiere** einen **falschen Galopp** so schnell wie möglich, indem du kurz zum Trab durchparierst und neu angaloppierst.

Hindernisfolgen, Distanzen, Kombinationen

In einem **Parcours** folgen die Hindernisse unterschiedlich schnell aufeinander. Manchmal gibt es weite Wege von einem Sprung zum nächsten. Dann hast du viel Zeit, dich auf den nächsten Sprung vorzubereiten.

Kommt ein zweites Hindernis sehr bald nach dem ersten, dann ist es besonders wichtig, in einem passenden Tempo und Rhythmus sofort nach dem Sprung weiterzureiten. Denn die Sprünge sind dann so aufgestellt, dass du mit einer genau **vorgegebenen Anzahl von Galoppsprüngen** passend von einem Hindernis zum anderen reiten kannst.

- Wenn zwischen zwei Hindernissen **drei bis sechs** Galoppsprünge vorgegeben sind, spricht man von einer **Distanz**.
- Sind **ein oder zwei Galoppsprünge** vorgegeben, spricht man von einer **Kombination**. Es können zwei oder drei Hindernisse miteinander kombiniert werden (**zweifache** oder **dreifache Kombination**).
- Eine Folge von zwei oder mehr Sprüngen direkt hintereinander – ohne Galoppsprung dazwischen – heißt **In-Out** (englisch Hinein-Heraus).

Der nächste Sprung kann kommen!

Vom einzelnen Sprung bis zum Parcours 9

Eine Distanz mit drei Galoppsprüngen

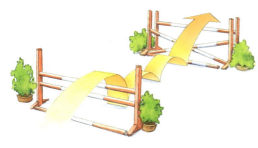

Eine Kombination mit zwei Galoppsprüngen

Den Parcours abgehen

Zur Vorbereitung auf das Springen eines Parcours ist es sehr hilfreich, die Strecke genau zu Fuß **abzugehen**. Erfahrene Springreiter können mit genauen Meterschritten laufen, das heißt, sie können die Entfernung der Hindernisse voneinander regelrecht ausmessen.

Auch dir hilft es, den Parcours abzulaufen, um den **Weg** genau zu **planen**.

> **Tipp**
> Wenn du an einem bestimmten Punkt abwenden willst – stelle dir dort einen Wendekegel vor!

▶ Beim Abgehen des Parcours kann man sich den Weg von Sprung zu Sprung genau vorstellen.

Im Parcours unterwegs

Gute Vorbereitung ist schon der halbe Erfolg – das gilt auch für das Springen eines Parcours. Im **Lehrgang** vor jeder Abzeichenprüfung besteht genügend Gelegenheit, den Parcours vorher zu **üben**:
- deinen flüssigen **Weg**
- dein rhythmisches **Grundtempo**
- deinen **Stil** über den Hindernissen

Dann kann am Prüfungstag alles wie am Schnürchen klappen!

▲ Wenn alles klappt: Nur fliegen ist schöner!

> **Merke dir ...**
> ✔ worauf es im Parcours ankommt: Weg, Tempo und Stil!

10 Außenplatz und Gelände

Reiten auf dem Außenplatz

Der Anfangsunterricht findet in den meisten Fällen in einer Reithalle statt. Dort können sich Pferde und Reiter besser konzentrieren. Die Einfassung, die Bande, gibt ihnen Sicherheit. Die Stimme des Ausbilders ist besser zu hören und die Pferde fühlen sich eher unter Kontrolle. Wenn ein Pferd erschrickt, kann es nicht weit flüchten.

→ Selbst in der Halle suchen Pferde bei Gefahr den Ausgang. Zur Sicherheit muss die Bandentür während einer Reitstunde geschlossen sein.

Von drinnen nach draußen

Pferde brauchen Licht und Luft, um sich wohlzufühlen. Deswegen ist es wichtig, so früh wie möglich zu lernen, draußen zu reiten. Der Weg von drinnen nach draußen ist oft nicht weit. Trotzdem macht es einen großen Unterschied, ob man in der Halle oder auf dem Außenplatz beziehungsweise im Außengelände reitet.

abzulenken. Wenn sie viel Platz um sich herum haben, fühlen sie sich angeregt, diesen Raum auch auszunutzen.

Sie entwickeln mehr Ehrgeiz und versuchen eher, das Vorderpferd einzuholen oder zu überholen. Es gibt viel mehr zu sehen und zu hören als in der Halle. Entsprechend öfter können Pferde Angst bekommen und scheuen.

> **Tipp**
> Versuche die Umgebung mit Pferdeaugen zu sehen. Wovor könnte ein Pferd erschrecken?

Manche Pferde werden Richtung Ausgang oder Richtung Stall von allein schneller.

Um selbstständig auf dem Außenplatz reiten zu können, musst du sattelfest sein und dein Pferd in allen drei Gangarten allein lenken und das Tempo unter Kontrolle halten können. Außerdem ist es hilfreich, den leichten Sitz zu beherrschen.

→ Gewöhnung ist der Schlüssel zur Sicherheit auf dem Außenplatz und im Außengelände.

▲ An der Longe kann das Reiten auf dem Außenplatz sicher anfangen.

▲ Nebeneinander her auf dem Außenplatz: So fühlen Pferde und Reiter sich sicher!

Alle Pferde lieben es, sich an der frischen Luft zu bewegen. Draußen sind sie frischer, gehfreudiger, übermütiger – und leichter

Reiten auf dem Außenplatz 10

So klappt das Reiten auf dem Außenplatz

- Reite anfangs in der Gruppe. Gemeinsam fühlen sich Pferde sicherer.
- Achte auf einen guten, gleichbleibenden Sicherheitsabstand zu allen anderen Pferden.
- Erkunde den Außenplatz zunächst in aller Ruhe im Schritt.
- Suche dir möglichst einen vierbeinigen Partner. Pferde gehen besonders gern und gelassen nebeneinander her.
- Trabe flüssig vorwärts, aber in geregeltem Tempo.
- Galoppiere zunächst auf einer übersichtlichen Strecke vom Stall weg im ruhigen Tempo.
- Sitze anfangs aus und gehe erst in den leichten Sitz, wenn du dein Pferd sicher unter Kontrolle hast.
- Versuche, die Umgebung mit den Augen eines Pferdes zu betrachten.

▲ Auf dem Außenplatz: sicher vorwärts

▲ Nach getaner Arbeit: Schritt mit hingegebenem Zügel

▲ Hintereinander her im Außengelände: So klappt der Ausflug nach draußen!

> **Merke dir ...**
> ✔ Alle Pferde bewegen sich gern an der frischen Luft.
> ✔ Draußen gehen Pferde von sich aus mehr vorwärts.
> ✔ Wenn sie daran gewöhnt sind, ist der Außenplatz für sie eine natürlichere Umgebung als die Halle.

10 Außenplatz und Gelände

Reiten im Gelände

Im Gelände

Im Gelände zu reiten ist die schönste Form des Reitens. Dir kommt es vielleicht selbstverständlich vor, in einer Halle zu reiten – dein Pferd bewegt sich viel lieber in einer natürlichen Umgebung. Pferde, die regelmäßig draußen vorwärtsgeritten werden, sind meistens ausgeglichen und zufrieden. Du wirst schnell feststellen, wie viel Freude das Reiten im Gelände machen kann.

Weil Pferde unterwegs plötzliche Anlässe zum Scheuen finden können, muss man sie mit Geduld und Köpfchen an viele Situationen gewöhnen – zum Beispiel den Straßenverkehr. Am besten funktioniert das mit einem sicheren Führpferd.

➡ Pferde und Reiter müssen das Reiten im Gelände unter Anleitung lernen!

Am leichtesten geht das, wenn der Reitstall über ein Außengelände verfügt, also eine Art Geländereitplatz. Dort kannst du am einfachsten die typischen Anforderungen des Geländereitens üben:
- Kontrolle über das Tempo, insbesondere im Galopp
- Reiten bergauf und bergab
- Klettern
- Überwinden natürlicher Geländehindernisse (zum Beispiel Wasser)
- Überwinden von kleinen Geländesprüngen

Das Reiten im Gelände macht nicht nur Spaß, es ist zugleich ein wichtiger Bestandteil der Ausbildung für Pferde und Reiter.

Bergauf und bergab

Das Besondere am Reiten im Gelände ist die dauernde Abwechslung. Viele Anforderungen für Pferd und Reiter liegen buchstäblich am oder besser im Boden: Wechselnder Untergrund kann mal hart, mal uneben, mal tief, mal federnd sein. Reiten bergauf und bergab ist eine natürliche Schule für die Balance von Pferd und Reiter. Sowohl bei Steigungen als auch bei Gefälle geht der Reiter mit dem Oberkörper leicht vor.

Steile Hänge im Schritt zu bewältigen kostet Pferde viel Kraft. Daher versuchen sie oft, bergauf und auch bergab zu galoppieren. Bergauf ist das nicht schlimm, aber bergab ist das keine gute Idee!

➡ Reite bergauf vorwärts! Gib dabei genügend Luft am Zügel, das Pferd muss seinen Hals lang machen können.

➡ Behalte das Pferd beim Reiten bergab im Schritt sicher an den Hilfen!

▲ Am Führzügel fängt das Geländereiten sicher an.

Reiten im Gelände

Leichte Steigungen und sanftes Gefälle kannst du auch flüssig im Trab oder sogar im Galopp überwinden – vorausgesetzt, dein Pferd wird bergab nicht immer schneller.

▲ Klettern hilft, ein sicheres Gleichgewicht zu finden.

▲ Bergab soll das Pferd sicher an den Hilfen bleiben.

Springen im Gelände

Klettern hat schon viel mit Springen zu tun: Es ist sozusagen die Überwindung eines Hindernisses in Zeitlupe. Deswegen ist das Reiten bergauf und bergab eine prima **Vorbereitung für das Springen**.

Im Gelände springen die Pferde in aller Regel flüssig und sicher. **Geländehindernisse sind massiv**; sie haben – anders als Sprünge auf dem Springplatz – keine Teile, die das Pferd abwerfen kann.

Vielleicht macht dir ein massives Hindernis anfangs mehr Angst. Für dein Pferd ist das ganz anders: Es kann beispielsweise einen Baumstamm gut einschätzen und wird immer hoch genug springen, um nicht daran hängen zu bleiben.

▲ Springen im Gelände macht Spaß!

Du brauchst ein bisschen Mut, um das auszuprobieren. Dann wirst du feststellen: Geländesprünge machen Spaß, weil die Pferde sie selbstverständlich, **flüssig** und fliegend springen.

> **Merke dir ...**
> ✔ Übe das Geländereiten nur unter Anleitung.
> ✔ Mit einem sicheren Führpferd kann man das Reiten im Gelände am leichtesten lernen.
> ✔ Im Gelände wird generell leichtgetrabt und möglichst im leichten Sitz galoppiert.
> ✔ Pferde springen im Gelände in der Regel aus einem etwas höheren Grundtempo als auf dem Platz.

1. Pferde brauchen Menschen

Pferde sind auf uns Menschen angewiesen. Wir Pferdefreunde tragen die Verantwortung dafür, dass es jedem einzelnen Pferd gut geht – auch du.

2. Pferde müssen richtig versorgt werden

Pferde brauchen Wasser und Futter, Licht und Luft, viel Bewegung und Kontakt zu anderen Pferden. Wir Pferdefreunde sorgen dafür, dass es jedem Pferd gut geht – auch du.

3. Die Gesundheit geht vor

Gesundheit und Zufriedenheit des Pferdes sind wichtiger als Erfolge um jeden Preis. Uns Pferdefreunden geht das Wohl jedes einzelnen Pferdes vor – auch dir.

4. Alle Pferde sind wertvoll

Alle Pferde verdienen Pflege und Zuneigung, egal ob jung oder alt, Weidepony oder Turnierpferd, Zuchthengst oder ausgedientes Schulpferd. Wir Pferdefreunde wissen, dass alle Pferde gleich gut behandelt werden müssen – auch du.

5. Pferde und Menschen haben eine lange gemeinsame Geschichte

Zwischen Pferden und Menschen besteht seit Tausenden von Jahren eine enge Verbindung. Wir Pferdefreunde sind bereit, vom enormen Wissen früherer Zeiten und fremder Kulturen über Pferde zu lernen – auch du.

6. Pferde sind gute Lehrer

Pferde spüren Ungeduld und Unbeherrschtheit. Sie belohnen Freundlichkeit und Geduld. Wir Pferdefreunde lernen gern von unseren Pferden – auch du.